Waltraut Wirtgen (Hg.)
Trauma – Wahrnehmen des Unsagbaren

W0063131

Waltraut Wirtgen (Hg.)

Trauma –
Wahrnehmen des
Unsagbaren

Psychopathologie und
Handlungsbedarf

Roland Asanger Verlag Heidelberg

Die Herausgeberin:
Waltraut Wirtgen, Dr. med., geb. 1933, Ärztin für psychotherapeutische Medizin, Psychoanalyse, freie Mitarbeiterin REFUGIO München.

Die Deutsche Bibliothek – CIP-Einheitsaufnahme

Trauma - Wahrnehmen des Unsagbaren : Psychopathologie und Handlungsbedarf / Waltraut Wirtgen (Hg.). - Heidelberg : Asanger, 1997
ISBN 3-89334-336-9

© 1997 Roland Asanger Verlag Heidelberg

Umschlaggestaltung: Doris Bambach
Printed in Germany
ISBN 3-89334-336-9

Danksagung

Etwa neun Monate nach der Fachtagung von REFUGIO München

Wahrnehmen des Unsagbaren

können die Beiträge nun in diesem Buch erscheinen. Das Interesse an dieser Tagung war unerwartet groß, dies war besonders im Bereich der Personen zu finden, die mit Flüchtlingen und Folteropfern in irgendeiner Weise betraut sind. Dazu zählen Mitarbeiterinnen und Mitarbeiter in Beratungsstellen, Jugendämtern, zahlreichen Behörden, Gerichten wie auch im Bundesamt für die Anerkennung ausländischer Flüchtlinge.

Diese Tatsache ist wohl dem gesellschaftlich relevanten Wunsch zuzuschreiben, mehr Erkenntnisse aus dem psychosozialen, medizinischen und psychologischen Bereich über Menschenrechtsverletzungen und Terror in den letzten Jahrzehnten unseres Jahrhunderts gewinnen zu wollen.

Aus dem Verlauf der Tagung heraus entwickelte sich eine interdisziplinäre Diskussion und der Wunsch zu einer besseren gegenseitigen Verständigung und Hilfe. Darüber hinaus lösten die Schilderungen in den Referaten zu den Ähnlichkeiten von Gewalttaten im Nationalsozialismus und heute bei den Zuhörern große Nachdenklichkeit aus.

Dies bedeutet auch Sensibilisierung für Gemeinsamkeiten der Opfer von damals und heute und beinhaltet die Chance zu mehr Offenheit und rechtzeitigem Erkennen von Gewalt und Unrecht auch in unserer Mitte.

Da es nicht möglich ist, auf die zahlreichen Formen der im Rahmen der Fachtagung erfahrenen Unterstützung im einzelnen einzugehen, sollen nur einige Personen und Institutionen genannt werden, die mir bei der Vorbereitung und Durchführung besonders hilfreich und unterstützend waren.

Mein besonderer Dank richtet sich an Frau Dr. Lotte Köhler – KÖHLER-STIFTUNG –, durch deren menschliche und großzügige finanzielle Unterstützung die Fachtagung und die Herausgabe dieses Dokumentationsbandes erst möglich wurde.

Herzlichen Dank Jürgen Müller-Hohagen für Ideen der anfänglichen Planung, wie auch ihm und Ingeborg Müller-Hohagen für die Übersetzung des Vortrages von Maren und Marcelo Vinar;

Ingrid Wild-Lüffe, Petra Sobanski und Silvia Finger für liebevolle Unterstützung bei der praktischen Durchführung;

Anni Kammerlander und dem Team von REFUGIO München für das besondere Vertrauen in das Gelingen der Tagung und für tatkräftige Hilfe;

den Mitarbeitern des Gesundheitsreferats der Stadt München für Hilfe beim Versenden der zahlreichen Einladungen und Herrn Prof. Kampig und den Mitarbeitern der Augenklinik für die gastliche Aufnahme.

Besonders danken möchte ich den Autoren, die ihre Manuskripte zur Verfügung stellten und bereit waren, diese zu überarbeiten.

Frau Dr. Noemi Pascal und Renate Rassmann mein herzlicher Dank für die Hilfe beim Korrekturlesen und beim Schreiben meines Manuskripts sowie Herrn Ulf Klein für die Erstellung der Druckvorlagen und nicht zuletzt Herrn Asanger vom Roland-Asanger-Verlag, der engagiert die Herausgabe vorbereitet hat.

Vorwort der Herausgeberin

Wir wissen, daß Terror und Gewalt Narben hinterlassen, die nie mehr ganz verheilen; sie setzen sich als Spuren fort in späteren Generationen.

Aus der Arbeit in REFUGIO München (Beratungs- und Behandlungszentrum für Flüchtlinge und Folteropfer) ergab sich der Bedarf für die Fachtagung WAHRNEHMEN DES UNSAGBAREN, die am 16.11.96 in München stattfand.

Traumatisierte Flüchtlinge und Überlebende von Folter haben in Deutschland seit der Asylgesetzgebung von 1993 eine nur sehr geringe Chance, Aufnahme im »Gastland« zu finden. Vielmehr führen die formalisierten Gesetze bei den meisten von ihnen zu einer fortgesetzten Traumatisierung.

Ihr Verfolgungsschicksal und ihre Leiden finden in Deutschland, im Vergleich zu anderen Ländern, nur wenig Beachtung; die seelischen Folgen von Terror und Gewalt sind hier auch in Fachkreisen so gut wie unbekannt.

Die Veranstalter der Tagung haben sich die Aufgabe gestellt, zu informieren und zu sensibilisieren für menschliche Not, die sich in vielen Fällen hinter Sprachlosigkeit verbirgt. So kann eine Brücke geschlagen werden vom Schicksal der Überlebenden des Holocaust, von Folter und Greuel in Südamerika zu Überlebenden von Folter und Traumatisierung heute, mit ihren Gemeinsamkeiten in subjektivem Erleben und ihren lebenslangen Beeinträchtigungen.

Zu Wort kommen Prof. Stefan Herzka in einem sehr persönlichen Vortrag als selbst Betroffener und ärztlicher Leiter der Abteilung Psychopathologie des Kindes- und Jugendalters; David Becker mit seiner langjährigen Erfahrung in Betreuung und Therapie von Opfern des Staatsterrors in Chile sowie Maren und Marcelo Viñar, ebenfalls als Betroffene und »Kämpfer gegen das Vergessen« in Uruguay.

Der Beitrag von Jürgen Müller-Hohagen zeigt aus Sicht der psychotherapeutischen Praxis die Auswirkungen des Holocaust wie die von traumatischen Ereignissen in heutiger Zeit; und aus der Sicht der

ärztlichen Mitarbeiterin von REFUGIO München kommt im abschliessenden Vortrag von Waltraut Wirtgen der Weg Überlebender von
Folter und schwerem Trauma im Rahmen der geltenden Asylgesetze
zur Darstellung.

Die Gefahr der fortgesetzten Traumatisierung ist groß und daraus ergibt sich die dringende Notwendigkeit, die Asylgesetze zu revidieren,
die Würde dieser Menschen - als Grundrecht - verstärkt zu beachten
sowie auch die Information zu verbessern und die Zusammenarbeit
von Mitarbeiterinnen und Mitarbeitern in Behörden mit Betreuern
von Flüchtlingen enger zu vernetzen.

Waltraut Wirtgen
München, im Mai 1997

Inhalt

Jürgen Müller-Hohagen

Auf den Spuren des Traumas

Perspektiven aus der praktischen psychologischen Arbeit

Die folgenden Ausführungen sollen Annäherungen sein, sollen hinführen zum Thema der Extremtraumatisierungen. Dazu ist es sinnvoll, ein breiteres Feld von Traumatisierungen in den Blick zu nehmen, von Traumatisierungen, wie ihnen jederzeit in nicht-spezialisierten Sozial- und Gesundheitseinrichtungen zu begegnen ist, sei es in der allgemeinärztlichen, psychiatrischen oder psychotherapeutischen Praxis oder, wie in meinem Fall, an einer ganz »normalen« Erziehungs- und Familienberatungsstelle. Mit vielem des im folgenden Benannten können wir hier oder im näheren Umfeld unserer Arbeit in Berührung kommen – oder davor zurückweichen, bewußt oder unbewußt.

»An diesem Abend erst ist mir aufgegangen, wie sehr mein Leben bis heute davon bestimmt ist, daß ich als Kind beim Angriff auf Dresden dabei war.« 45 Jahre später fiel diese Äußerung. Sie stammte nicht von jemandem, der nur selten über seelische Zusammenhänge nachdenkt, sondern im Gegenteil von jemandem aus dem sozialen Bereich. Und doch war dem mittlerweile 50jährigen erst jetzt etwas Entscheidendes klargeworden, während eines Vortrags, den ich über die Bedeutung von Extrembelastungen in der psychologischen Arbeit hielt. Im Zentrum meiner Ausführungen stand der Bericht über eine Familientherapie, in der es besonders um den Vater und um die generationenübergreifenden Auswirkungen von dessen Fluchtschicksal gegangen war. Erst in unseren Gesprächen an der Erziehungsberatungsstelle war deutlich geworden, daß die großen Schwierigkeiten des Kindes, wegen denen die Familie zu uns geschickt worden war, mit diesem traumatischen Hintergrund zusammenhingen.

Und jetzt wiederum, beim Anhören dieses Berichts, war es in meinem Kollegen zu einem Aha-Erlebnis gekommen. Schlagartig sei ihm aufgegangen, wie das damals Erlittene und sein späteres Leben zusammengehörten, aber daß sie bisher getrennt geblieben waren. Sie hatten nichts miteinander zu tun gehabt.

Er frage sich, wieso diese einschneidende Erfahrung, damals mitsamt seiner Familie nur um ein Haar lebend davongekommen zu sein, weder in seiner eigenen Therapie noch in seiner therapeutischen Weiterbildung jemals eingehender thematisiert gewesen sei. Ich habe erwidert, das sei typisch. Traumatisierungen bleiben im Nirgendwo, auch in Therapien, auch im beruflichen Werdegang von Menschen, die eigentlich damit zu tun hätten.

Ich sagte dies aus eigener Erfahrung. Es hat lange gedauert, bis mir die Bedeutung von Traumatisierungen näher aufgegangen ist. Und jene Äußerung des Kollegen ist mir auch deshalb so lebhaft im Gedächtnis geblieben, weil sie an ein eigenes Erlebnis rührte. Als meine Frau und ich uns schon einige Zeit kannten, hat sie mir genau dasselbe erzählt wie viele Jahre später dann der Kollege: Sie hat als Kind die Bombennacht von Dresden erlitten. Nach wiederum einiger Zeit kam sie darauf zurück – und ich stellte mit Verblüffung fest, daß ich es fast völlig vergessen hatte! Mein Erschrecken dürfte nachvollziehbar sein: Wie konnte ich nur bei dem mir nächsten Menschen etwas so Gravierendes nahezu »vergessen«? Und dann noch als Therapeut mit intensiver Selbsterfahrung? Wie konnte ich ihr Trauma nur so verleugnen?

Zu dieser Erfahrung kamen weitere ähnliche, im beruflichen Feld ebenso wie im privaten. Ich habe mich geschämt, bin aber nicht darin versunken, sondern habe die Wahrnehmung meiner eigenen Verleugnung zu einer Art Kompaß werden lassen für das weitere Herangehen an das unerwartet schwierige Thema von Trauma und Traumatisierung. Für meine Veröffentlichungen ist es zu einer Leitlinie geworden.

Mit meinem einleitenden Blick auf Dresden ist mehreres angesprochen: die Schwierigkeit der direkt Betroffenen selber, ihre eigene Traumatisierung wahrzunehmen und deren Verflochtensein in ihr Leben insgesamt konkreter zu erfassen; dieselbe Schwierigkeit auf seiten der Umgebung; die Verleugnung bei den Fachleuten; die Bedeutung andererseits eines fachlichen Herangehens.

Bevor ich diese Punkte näher beleuchte, gilt es ein mögliches Mißverständnis auszuräumen. Von Verleugnung könne man doch bei den vorgenannten Beispielen nicht sprechen, denn sowohl jener Kollege als auch ich selber hätten doch weiterhin um den Bezug zu Dresden gewußt, um den eigenen oder den der Partnerin. Also könne es sich nicht um Verleugnung handeln. Hierzu gilt es zu erläutern, daß Verleugnung häufig nicht in einem völligen Ausblenden der traumatischen Erfahrung besteht. Vielmehr ist es deren *Bedeutung*, sind es die *Zusammenhänge* mit den übrigen Lebensbezügen, was nicht mehr wahrgenommen wird. Das Wissen ist bei vielen Traumatisierungen durchaus vorhanden, aber es bleibt isoliert.

»Uns wirft nichts um, wir werden mit jeder Schwierigkeit fertig.« So habe ich es immer wieder von Eltern behinderter Kinder gehört. Sie hatten Grund zum Stolz, und es war wichtig, sich und mir zu beteuern, wie sie dieses schwierige Schicksal gemeistert hatten. Und doch: Sie verleugneten, welche Spuren dieses Schicksal in ihnen hinterlassen, wie es sie verändert, sie aus der Bahn gedrängt hatte. Manchmal verriet sich dies als erstes in einem Händezittern, in einem Schwanken der Stimme, später dann vielleicht in Tränen, denen sie zunächst fassungslos gegenüberstanden. »Das ist doch eigenartig«, so sagte es eine Mutter, die unsere Erziehungsberatungsstelle wegen emotionaler Schwierigkeiten der zehnjährigen Tochter aufsuchte und mir jetzt im Erstgespräch auch von dem Behinderungsverdacht berichtete, unter dem die ersten zwei Lebensjahre ihres Kindes gestanden hatten. »Das ist doch eigenartig, da hat sich das dank der Krankengymnastik wunderbar gegeben, und ich denke schon lange nicht mehr daran, doch jetzt, wenn ich es Ihnen erzähle, und Sie haben ja auch im Kinderzentrum gearbeitet, da kommt es in mir hoch, da habe ich einen Kloß im Hals.« So etwas ist typisch. Und genau dieses jahrelange Absperren der Erinnerung und dann die Verblüffung, wenn unerwartet ein tiefer Schrecken gespürt wird, findet sich häufig bei Menschen, die traumatisiert wurden.

Oder denken wir an Unfälle. Wie oft verhalten Menschen sich in dieser Situation außerordentlich ruhig und angemessen, und die Panik kommt erst später hoch, nach Stunden, nach Tagen, manchmal erst nach Jahren. Je länger aber die Zwischenzeit ist, um so unverständlicher wirken dann die Angstattacken oder die depressiven Verstimmungen.

Ich halte also fest: Nichtwahrnehmen des Traumas auf seiten der Betroffenen, Nichtwahrnehmen seiner Bedeutung und seiner Zusammenhänge mit dem weiteren Leben, findet sich typischerweise bei vielen Formen von Traumatisierung.

Was die Umgebung betrifft, so habe ich etwa in der Arbeit mit den Familien behinderter Kinder sehr konkret erfahren, wie verschlossen sie oft deren besonderen Belastungen und ihrer Traumatisierung gegenübersteht.[1] Das reicht von den überforsch gegebenen oder gänzlich ausgebliebenen Aufklärungen in der Geburtsklinik oder bei den Vorsorgeuntersuchungen über die »gutgemeinten« Ratschläge der Verwandtschaft bis zum grundsätzlich korrekten, hier aber manchmal deplazierten Nachforschen auf psychologischer oder sozialpädagogischer Seite zur Frage möglicher Partnerschaftsprobleme der Eltern. »Es war schrecklich. Wir wußten doch, daß mit unserem Kind etwas nicht stimmt. Aber niemand schenkte uns Glauben. Stattdessen sollten wir über unsere Ehe reden.« So brach es aus den Eltern eines fünfjährigen Kindes heraus, bei dem sich in diesem Alter erstmals die Diagnose einer erheblichen Behinderung im geistigen Bereich stellen ließ. Traumatisierungen entstehen nicht immer durch ein punktuelles Ereignis von überwältigendem Charakter; sie können sich auch durch eine lange Zeit der Ungewißheit und in der Summation der vielen kleinen Zusammenbrüche ergeben.

Kommen wir zum Ausblenden traumatischer Zusammenhänge auf seiten von Fachleuten, die gerade dafür von Berufs wegen besonders aufmerksam sein sollten. Von heute her betrachtet, wirkt es zunächst unverständlich, wie lange Zeit Psychiater in Deutschland gebraucht haben, um die Traumatisierung durch KZ-Haft zu begreifen. Bis weit in die siebziger Jahre lehnten Psychiater in Deutschland in ihren Gutachten reihenweise Ansprüche auf Entschädigung von Menschen ab, bei denen wir heute ganz selbstverständlich eine schwere Traumatisierung annehmen würden.[2] Es bedurfte erst ausgedehnter wissenschaftlicher Untersuchungen, um daran etwas zu ändern.[3] Ähnliches gilt für Psychotherapeuten. Und wiederum noch länger dauert es im allgemeinen, bis die Allgemeinheit ihren Blick verändert. Diese Allgemeinheit aber ist nicht etwas Abstraktes, sondern sie macht die Millionen von Nachbarn, Freunden, Kollegen, Familienangehörigen aus, die nicht auf den Gedanken kommen, das eigenartige oder störende Verhalten ihres Gegenübers könne etwas mit Traumatisierung zu tun haben.

Auf folgende Punkte sei besonders hingewiesen:

1. Wir haben die Herkunft des traumatisierenden Ereignisses zu berücksichtigen. Handelt es sich um eine Naturkatastrophe oder um etwas von Menschen Gemachtes? Ist letzteres etwas relativ Anonymes, wie beispielsweise ein Börsenkrach, oder sieht sich jemand von einer Vertrauensperson extrem bedroht und geschädigt? Wird jemand als politischer oder religiöser Gegner bekämpft oder zum Untermenschen erklärt und als Ungeziefer behandelt? Dies sind grundlegende Unterschiede. Schicksalsschläge, und mögen sie noch so schlimm sein, bei denen aber die Unterstützung der Umgebung zu verspüren ist, bedeuten etwas grundlegend anderes, als von der Majorität aus der menschlichen Gemeinschaft überhaupt ausgeschlossen zu werden. Hier werden die Grundlagen des Menschseins erschüttert. In vielen Berichten von KZ-Überlebenden wird dies deutlich.

2. Oftmals wird die traumatische Wirkung eines Ereignisses von daher nicht in Erwägung gezogen, als sie doch so früh im Leben erfolgt sei. Das Kind hätte sie nicht bewußt miterlebt. Dazu ist zu sagen, daß gerade solche Einbrüche oft die nachhaltigsten Folgen zeigen. Kinder bekommen außerordentlich viel mit, längst bevor sie es näher begreifen können.[4] Dies gilt für Ehedramen oder den Tod von Angehörigen ebenso wie für sexuellen Mißbrauch oder Flucht oder politische Haft und Folter eines Elternteils.[5]

3. Eine Traumatisierung bildet sich unter Umständen nicht aufgrund eines einzelnen schwerwiegenden Ereignisses, sondern erst durch die Abfolge verschiedener solcher Einwirkungen. Der aus Deutschland emigrierte Arzt Hans Keilson hat dazu den wichtigen Begriff der sequentiellen Traumatisierung geprägt.[6] Er kam zu ihm bei der Untersuchung des Lebensschicksals jüdischer Kinder in Holland, die während der Okkupation versteckt wurden. Das Trauma der Trennung von ihren Eltern und die Ungewißheit über deren Schicksal hatten viele von ihnen noch ohne sichtbare Störungszeichen überstanden, auch die notwendige Umgewöhnung zu einer »christlichen Identität« in ihren Zufluchtsfamilien. Doch wenn sie dann nach der Befrei-

ung vom Tod der Eltern erfuhren und wenn schließlich Verwandte sie zu sich holten – dann war manches Mal die Sequenz der Brüche so überwältigend, daß es zu dauerhaften Schädigungen kam.

4. Ein benachbartes Konzept ist das der Retraumatisierung. Menschen haben eine traumatische Erfahrung einigermaßen überstanden, und dann trifft dasselbe oder ein ähnliches Ereignis erneut ein. Denken wir an Kinder, die zum wiederholten Male durch Trennung oder Scheidung einen Vater bzw. Stiefvater verlieren. Oder mir steht das Beispiel von Rumänien-Aussiedlern der sechziger Jahre vor Augen, die in ihrem Wohnblock in München-Hasenbergl, wo meine Beratungsstelle liegt, eine heimatliche Vertrautheit aufgebaut haben – und jetzt wird ihnen vom Wohnungsamt eine türkische Familie hineingesetzt, und sie geraten aus den Fugen, nicht aus Ausländerhaß, wie leicht gemeint wird, sondern weil das alte Trauma der Entwurzelung angerührt und aufgewühlt wird.

5. Holocaust-Überlebende in Israel angesichts drohender Giftgasangriffe im Golfkrieg – welch extreme Belastung, welche Gefahr massenhafter Retraumatisierung hier vorlag, dürfte wohl unmittelbar einsichtig sein. Wenn trotz dieses Zusammenkommens fürchterlicher Bedrohungen aus Gegenwart und Vergangenheit jedenfalls Massenpaniken ausgeblieben sind, so lag dies auf der individuellen Ebene sicherlich wesentlich daran, daß die Menschen etwas tun konnten, um sich zu schützen. Und sie waren nicht allein.

6. Damit ist die Bedeutung protektiver Faktoren angesprochen. Nicht jedes traumatogene Ereignis muß tatsächlich zu einer bleibenden Traumatisierung führen. Ausgehend von der Beobachtung, daß manche KZ-Überlebende das Erlittene ohne gravierende Langzeitschädigungen überstanden hatten, entwickelte der israelische Medizinsoziologe Aaron Antonovsky das Konzept der Salutogenese, d.h. eines Gegenstücks zu dem uns vertrauten Blickwinkel in Richtung auf die Entstehung von Störungen, also die Pathogenese. Wie kommt Gesundheit zustande, wie wird sie aufrechterhalten? Der zentrale Begriff bei Anto-

novsky lautet »Sense of Coherence«. Dieses Gefühl des Zusammenhalts wiederum besteht aus einem »Sinn für Sinnhaftigkeit«, aus dem der »Überschaubarkeit« sowie der »Beeinflußbarkeit des eigenen Lebens«.[7] Mir ist dieses Konzept sehr wichtig geworden auch für meine Arbeit an der Erziehungsberatungsstelle im »Sozialen Brennpunkt« München-Hasenbergl. Hier kann man fast täglich den deutlichen oder verborgenen Auswirkungen traumatischer Erfahrungen begegnen. Dabei hilft es sehr, den Blick auch auf das Stärkende, Haltende, Schützende zu richten.

7. Traumatisierte sind entscheidend auf das Eingehen der Umgebung angewiesen. Zugleich aber können sie dieses meist nicht von sich aus erbitten. Die Reaktion auf schwere Traumatisierung besteht oft in massiven Scham- und Schuldgefühlen, wobei diese häufig nicht voll bewußt sind, damit aber in ihrer Wirkung nochmals gravierender werden.[8] Eingehen der Umgebung auf das Traumatisiertsein – was erfordert dies? Oftmals sind es nicht die großen Hilfestellungen – eher würden diese verschrecken. Doch es besteht eine tiefe und meist unausgesprochene Bedürftigkeit, daß überhaupt die Traumatisierung gesehen, daß sie anerkannt wird: Wahrnehmen des Unsagbaren.

8. Dies setzt voraus, daß auch die Menschen der Umgebung sich mit eigenen traumatischen Hintergründen einigermaßen vertraut gemacht haben. Anderenfalls kommt es zu einer Aufteilung in »Betroffene« und »Nichtbetroffene«, wovor Maren und Marcelo Viñar nachdrücklich warnen,[9] und zu unbewußt verlaufenden Rückstoßungsprozessen. Das Trauma der anderen erinnert mich an das eigene, dessen ich aber nicht gewahr werden kann. Also schiebe ich die anderen von mir weg. Diese verbreiteten Interaktionsformen werden wenig gesehen. Auch Angehörige helfender Berufe müssen davon nicht ausgenommen sein.

9. Auch Traumatisierung kann zum Vorwand genommen werden, kann unter Umständen von Gegenteiligem ablenken, nämlich von eigener Täterschaft. »Die Täter als Opfer«, das ist ein The-

ma von akzentuierter Bedeutung in Deutschland.[10] Geredet
wurde viel in zahlreichen Familien nach 1945 trotz andererseits
tiefreichenden Schweigens. Thema war massenhaft das eigene
Leiden in Inflation, Weltwirtschaftskrise, Krieg, Flucht und
Vertreibung. Auch wenn die Seite der Täter und Mitläufer
nicht von Traumatisierungen ausgenommen war und es diese
sehr wohl zu berücksichtigen gilt, so kann damit nicht das eigene Beteiligtsein an den Nazi-Verbrechen aufgewogen oder bei-
seitegewischt werden.

10. Vieles spricht dafür, daß in der Welt insgesamt, aber in
Deutschland in noch erhöhtem Maße die Bedeutung von Traumatisierung in Fachwelt und Allgemeinheit unterschätzt wird.
So hat der bekannte Psychosomatik-Forscher Wolfgang Schüffel
darauf hingewiesen, »daß sich die Deutschen (...) als Aggresso-
ren und Verlierer zweier Weltkriege nach unbeschreiblichem,
massenhaftem, aber dennoch für jeden individuell spürbarem
Leid (...) mehrfach der notwendigen Trauerarbeit versagt haben.
Dies (...) (hat) zu tiefen emotionalen Verwerfungen geführt, die
sich nachhaltig im ganzen Volk (zeigen).«[11] Dies trete sehr stark
in Form medikalisierter Beschwerden auf.

Dazu paßt, daß in weiten Teilen der deutschen Psychiatrie
und ihrer Nachbardisziplinen selbst das verharmlosende Konzept der Posttraumatischen Belastungsreaktion bis auf den heutigen Tag ein Randdasein fristet.

11. Traumata werden auch transgenerationell weitergetragen. Ich
schätze, daß psychische und somatische Störungen bei zahlreichen Menschen, die selber nicht direkt von Traumatisierung
betroffen waren, damit zu tun haben – bei sehr viel mehr Menschen, als wir üblicherweise annehmen.

Vielleicht ist mit den vorstehenden Beispielen und Hinweisen wenigstens in der Dimension nachvollziehbar geworden, wie sehr in unserem heutigen beruflichen und privaten Leben die Bedeutung von
Traumatisierungen immer noch beiseitegeschoben wird. Dann aber
werden Menschen, die von Folter und Flucht gezeichnet bei uns
Schutz suchen, erst recht mit Distanz behandelt. Dann machen wir

uns und ihnen so schwer, was doch notwendig wäre: Wahrnehmen des Unsagbaren.

Der uruguayische Psychoanalytiker Marcelo Viñar hat dazu eindringliche Worte gefunden.

„Vor 23 Jahren, im Juni 1972, war ich drei Monate in Haft. Ich hatte einen psychotischen Patienten, der im Untergrund lebte, auf Bitten seiner Angehörigen aufgesucht und behandelt. Zivilrechtlich stellte dies keinerlei Vergehen dar, doch hatte bereits unter den demokratisch gewählten Staatsorganen, also vor dem Staatsstreich von 1973, die Militärjustiz ein Dekret erlassen, das in solchen Fällen zum Denunzieren verpflichtete. Da ich dem nicht nachgekommen war, sah man in mir einen »Kollaborateur mit einer subversiven Organisation«, und ich wurde eines Nachts von einem Militärtrupp in Haft genommen. Meine Angehörigen waren trotz intensiver Nachforschungen fast einen Monat lang im ungewissen über meinen Verbleib.

Heute weiß ich, daß diese drei Monate mein Leben und meine Wahrnehmung der Welt zutiefst verändert haben – auch wenn ich nur einem Teil des üblichen Martyriums ausgesetzt war und mein anschließender Gefängnisaufenthalt relativ kurz dauerte. Das waren Gründe, die meine Angehörigen, meine Freunde und auch mich selbst zunächst davon überzeugt sein ließen, ich hätte wohl keine schwerwiegende Traumatisierung davongetragen. Sollte dies dennoch der Fall sein, so wäre das auf meine Persönlichkeitsstruktur, auf meine psychopathologische Veranlagung zurückzuführen. Mein allgemein bekannter Beruf als Psychiater und Psychoanalytiker konnte gegebenenfalls in dieser Richtung eine Erklärung beisteuern, in den Augen der anderen und in meinen eigenen. Es fehlte nicht an Kollegen, die mich dies auf fürsorgliche Weise und voller Rücksichtnahme wissen ließen, während sich andere abschätzig oder gar verurteilend äußerten.

Ich benötigte viele Jahre innerer Arbeit und psychoanalytischer Therapie, um an mir selber zu verstehen, daß diese so logisch wirkende Erklärung unzutreffend war. Heute, 23 Jahre danach, weiß ich, daß diese Zeit des Terrors, die nicht länger als drei Monate währte, mein persönliches Schicksal und das meiner Familie nachhaltig bestimmt hat – zunächst im traumatischen Wiedererleben der kur-

zen Zeitspanne des Martyriums und später im unaufhörlichen Versuch, etwas daraus zu machen. Heute weiß ich: Schon das wenigste ist fürchterlich und bleibt eingebrannt für immer."[12]

Anmerkungen

[1] siehe Müller-Hohagen (1987)
[2] siehe Niederland
[3] siehe von Baeyer u.a.; Matussek
[4] siehe Müller-Hohagen (1994), S. 20 - 32
[5] siehe Maren Viñar
[6] siehe Keilson
[7] siehe Antonovsky
[8] siehe etwa Niederland; Stoffels (1991, 1994)
[9] siehe den Beitrag in diesem Band sowie Marcelo Viñar (1996)
[10] siehe Müller-Hohagen (1994), S. 61 - 76
[11] Frankfurter Allgemeine Zeitung, 10.2.95, Claus Peter Müller: Salutogenese – was erhält gesund?
[12] Marcelo Viñar, S. 110 f

Literatur

Antonovsky, Aaron (1987): _Unraveling the Mystery of Health._ Jossey-Bass. San Francisco

von Baeyer, W., H. Häfner und K.P. Kisker (1964): _Psychiatrie der Verfolgten._ Springer. Berlin

Keilson, Hans; unter Mitarbeit von H.R. Sarphatie (1979): _Sequentielle Traumatisierung bei Kindern._ Klett. Stuttgart

Matussek, Paul (1971): _Die Konzentrationslagerhaft und ihre Folgen._ Springer. Berlin

Müller-Hohagen, Jürgen (1987): _Psychotherapie mit behinderten Kindern._ Kösel. München. 1993²: Asanger. Heidelberg
 – (1994): _Geschichte in uns._ Knesebeck. München
 – (1996) (Hg.): _Stacheldraht und heile Welt. Historisch-psychologische Studien über Normalität und politischen Terror._ edition discord. Tübingen

Niederland, William G. (1980): _Folgen der Verfolgung. Das Überlebenden-Syndrom Seelenmord._ Edition Suhrkamp. Frankfurt

Stoffels, Hans (Hg.) (1991): _Schicksale der Verfolgten. Psychische und somatische Auswirkungen von Terrorherrschaft._ Springer. Berlin
 – (Hg.) (1994): _Terrorlandschaften der Seele. Beiträge zur Theorie und Praxis von Extremtraumatisierungen._ Roderer. Regensburg

Viñar, Marcelo (1996): *Gedächtnis und Zukunft. Über den Einfluß des politischen Terrors auf das kollektive und das individuelle Bewußtsein.* In: Müller-Hohagen (1996), S. 110 - 127

Viñar, Maren (1996): *Folgen politischer Gewalt bei Kindern und Jugendlichen in Südamerika.* In: Müller-Hohagen, S. 128 - 146

David Becker

Trauerprozeß und Traumaverarbeitung im interkulturellen Zusammenhang

Gestatten Sie mir bitte eingangs gleich an die eben in bezug auf den Vortrag von Herrn Dr. Müller-Hohagen begonnene Diskussion anzuschließen und zu sagen, daß ich zwar sehr dafür bin, Traumatisierungen auch im Alltag zu erfassen und zu erfahren, daß ich persönlich aber stark gegen den inflationären Gebrauch des Wortes »Trauma« bin. Und zwar nicht, weil ich Traumatisierungen im normalen Familienleben verleugnen möchte, sondern weil ich glaube, daß die Unterdrückung der Wahrnehmung und Behandlung politischer Traumatisierungsprozesse auch dadurch unterstützt wird, daß man alles und jedes zum Trauma erklart. Heutzutage redet die ganze Welt von Traumata. In den USA z.B. gibt es scheinbar überhaupt keine psychischen Störungen mehr, sondern nur noch »survivors« dieser oder jener traumatischen Erfahrung. Ganz egal ob ein Kind seine Süßigkeiten verloren hat, ob jemand umziehen mußte, ob die Luft schlecht ist, ob jemand einen Infarkt oder einen Autounfall hatte, alle sind traumatisiert.

Wenn Sie diesen Vorgang nun in Bezug setzen zu der Tatsache, daß extreme Traumatisierungen, wie z.B. Folter, Mord oder Exil, nach wie vor kein zentrales Thema sind, weder in der Medizin, noch in der Psychotherapie oder der Sozialarbeit, noch nicht einmal in der uns hier direkt interessierenden Problematik von Flüchtlingen, wobei die Relevanz doch eigentlich mehr als offensichtlich sein sollte, dann ergibt sich, daß Traumatisierungsprozesse, die im politischen Kontext stattfinden, nach wie vor einer außerordentlichen Unterdrückung zum Opfer fallen.

Paul Parin, der Schweizer Analytiker, hat vor kurzem in einem Interview eine sehr schöne Unterscheidung gemacht. Er sagte, es würde doch immer davon geredet, daß die Leute die Vergangenheit verdrängten. Das stimme aber gar nicht. Um Verdrängung ginge es nicht, sondern vielmehr um Unterdrückung im wortwörtlichen Sinne. Und ich denke, die Unterdrückung der Erkenntnis dessen, was Trauma ist, kann man auf zwei Arten und Weisen machen: dadurch, daß man nicht davon spricht, und dadurch, daß man »Trauma« inflationär relativiert und entwertet. Gegenüber beiden Gefahren muß man sich zur Wehr setzen. Ohne zu glauben, mit dieser Meinung im Widerspruch zu Dr. Müller-Hohagen zu stehen, war es mir doch ein Bedürfnis, diese Warnung hier zu Anfang meines Vortrags auszusprechen.

Ich möchte mich nun mit ein paar Beispielen aus der Praxis meinem Thema weiter annähern:

Das erste Mal, daß ich sehr bewußt auf die Thematik von Traumata im Zusammenhang von politischen Verhältnissen gestoßen bin, war in Berlin, wo ich als Psychologe zu arbeiten begann, im damals berühmt-berüchtigten Märkischen Viertel, mit seinen allseits bekannten sozialen Problemen und seinen marginalen Jugendlichen. Damals nahm ich einen Jungen in Behandlung, der mir auffiel, weil er einerseits aussah wie ein Engel, ich ihn andererseits aber außerordentlich unerträglich, unangenehm und verlogen fand. Er ging mir mehr auf die Nerven als es mir normalerweise Patienten zu tun pflegen. Und als mir dann seine Mutter auch noch sagte (der Junge war in Behandlung gekommen wegen Verhaltensauffälligkeiten in der Schule, insbesondere aggressivem Verhalten), er solle Pfarrer werden, wurde ich etwas stutzig. Im Laufe der Behandlung, als die Familie etwas mehr Vertrauen in mich hatte, bin ich dieser Frage (Pfarrerberuf) dann nachgegangen, und es stellte sich heraus, daß der Vater der Mutter ein relevanter Täter während der Zeit des Faschismus in Deutschland war, und daß die strengkatholische Mutter meinte, daß mein Patient aus zwei Gründen Pfarrer werden sollte:

1. weil er dann Buße tun konnte für die Verbrechen des Großvaters und
2. weil katholische Pfarrer im Zölibat leben und damit das Böse im Blut dieser Familie ausgemerzt würde.

Hätte ich danach nicht gefragt, wäre ich dem nicht nachgegangen, hätte ich das alles nie erfahren. Es hat sich dann aber als Schlüsselszene für diese Behandlung erwiesen. Man sieht, daß Traumatisierungsprozesse im politischen Zusammenhang sich nicht auf Flüchtlinge oder ferne, unterentwickelte Länder beschränken, sondern auch mitten unter uns stattfinden, obwohl wir das häufig nicht wissen.

– Nächstes Beispiel –

Kollegen in Israel haben mir folgenden Fall erzählt: Ein israelischer Soldat kämpft in einer Panzereinheit im Jom Kippur-Krieg. In dieser Einheit kommt es zu Kampfhandlungen, wo er mit seinem Panzer praktisch verbrennt. Er überlebt aber diese Verbrennungen, wird sehr gut behandelt, auch therapeutisch, scheint bald vollkommen zu gesunden, physisch ebenso wie psychisch. Er gründet eine Familie, kriegt Kinder, jahrelang ist alles in Ordnung. Aber dann kommt es zum Libanon-Krieg, der bekanntlich im Prinzip der erste Angriffskrieg ist, den Israel geführt hat. Kurz nach Beginn dieses Krieges geht der scheinbar alles gut überlebt habende ehemalige Soldat auf sein Feld, übergießt es mit Benzin und sich selber auch, zündet sich an und verbrennt sich und sein Feld.

– Weiteres Beispiel–

In El Salvador in Mittelamerika war, wie Sie wissen, Bürgerkrieg. Als José etwa acht Jahre alt ist, werden seine Eltern von Regierungstruppen umgebracht. Er flieht, läuft so ein bißchen rum von einem Ort zum anderen und findet schließlich den Weg zur Guerilla. Mit neun Jahren ist er in der Guerilla tätig und wird dort ein erfolgreicher Soldat. Er findet eine Heimat, er findet einen Ort, wo er gegen die Mörder seiner Eltern kämpfen kann, er hat offensichtlich keine Symptome, er ist ein sehr zuverlässiger Junge, zunächst im Sinne von Nachrichtenüberbringung und später tatsächlich als Soldat. Dann, als José etwa 16 ist, kommt der Friedensschluß: Er muß seine Waffe abgeben und wird in ein Dorf gebracht, in dem er und andere lernen sollen, das Land, das man ihnen gegeben hat und das sie für billige Kredite im Rahmen der Friedensvereinbarungen jetzt bekommen haben, zu bearbeiten. Der Junge muß also in die Schule zurück. Erst jetzt bricht er zusammen. Das heißt, er fängt an zu saufen und entwickelt dann schwere paranoide Symptome. Er rastet wortwörtlich aus. José kommt in Behandlung. Plötzlich taucht die ganze Thematik der verlorenen Eltern als ziemlich wichtig auf, aber fast noch wichtiger geht es um die verrückte Realität, darum, daß er das Gefühl hat, jetzt niemand mehr zu sein. Bis zum Kriegsende war er noch jemand. Er hatte Macht, er hatte soziale Beteiligung, war was. Und jetzt ist er nur noch ein mittelintelligenter Agrarschüler, der nichts mehr taugt, auch in der Gemeinschaft nicht als wichtig wahrgenommen wird.

– Schließlich ein Beispiel aus Chile, wo ich selbst arbeite. –

Vor vielen Jahren, das heißt 1982, sucht mich in meiner Privatpraxis dort eine Familie auf wegen ihres jüngsten Sohnes, der aggressiv und sehr ängstlich ist. Er zeigt starke Anklammerungsbedürfnisse, macht Skandal, wenn die Eltern einmal ausgehen wollen. Diese, grundsatzlich eher antiautoritär eingestellt, wundern sich über ihre Reaktionen, weil ihnen nichts anderes einfällt, als ihn entweder ziemlich hart zu bestrafen oder ihn durch komplizierte Manöver zu betrügen.

Meine erste Frage war, warum diese Leute wohl zu mir kommen. Es stellt sich heraus, daß sie wissen, daß ich im Menschenrechtsbereich tätig bin, daß sie aus Angst aber nicht in die offizielle Menschenrechtsinstitution kommen wollen. Ich frage nach der Vorgeschichte. Sie erzählen, daß der Ehemann vor längerer Zeit verhaftet war, daß er sich aber dafür schon hat behandeln lassen und daß sie nicht glauben, daß die Probleme des Sohnes damit zu tun haben. Beide sind offensichtlich erfolgreiche Ökonomen, verdienen relativ viel Geld, auch mitten in der Diktatur 1982 in Chile. Und dann bitte ich die Kinder – neben dem Indexpatienten gibt es noch einen zwei Jahre älteren Bruder – mir ihre Familie zu malen. Der sechsjährige Symptomträger malt die Familie folgendermaßen: Sich selbst malt er außerhalb des Hauses. Seine Eltern und seinen Bruder plaziert er im Haus. Dann malt er noch Möbelstücke, hinter denen bedrohliche Gespenster hervorgucken. Ich zeige diese Zeichnung den Eltern und frage sie, ob ihnen irgendwas dazu einfalle. Die Mutter sagt: „Wie seltsam. Er hat da was gemalt, was er selber nicht erlebt hat, was aber wortwörtlich zutrifft. Mein Mann ist nämlich aus der Haft und der Folter dadurch entkommen daß es ihm gelang, die Folterer davon zu überzeugen, daß er noch eine Geldsumme in seiner Wohnung in Empfang zu nehmen hätte. Und er ist dann mit den Folterern in die Wohnung zurückgekommen, wo ich mit dem kleinen Baby, meinem ersten Sohn, war, und zwei Wochen haben wir in der Wohnung gesessen, mit den Folterern dort und sind uns wiederbegegnet sozusagen unter der Bettdecke. Was unser kleiner Sohn hier gemalt hat, erinnert mich an diese Situation."

Es gehört nun zu den speziellen chilenischen Realitäten während der Diktatur, daß dann, wenn es einem gelang, die Verhaftung öffentlich zu machen, ein gewisser Rechtsschutz bestand, das heißt, die illegalen Verhaftungen und das Verschwinden von Leuten war die Hauptgefahr. Was diesem Mann nun gelang, war, seine illegale, geheime Verhaftung und schwere, schwere Folterung zu verwandeln in eine öffentliche, weshalb sich dann der Geheimdienst auch zurückzog, ihn also freiließ. Allerdings zwangen sie ihn, ein Papier zu unterschreiben, in dem stand: „Ich war freiwillig während 14 Tagen in Händen der Geheimpolizei. Ich bin dort stets zuvorkommend behandelt worden." Noch zwei Jahre lang haben sie ihn jede Woche angerufen und gesagt: „Im Zweifelsfalle, solltest du darüber reden, weißt du ja, daß wir auch Unfälle inszenieren können". Zwei Jahre später wurde dann, wie gesagt, dieses Kind geboren.

Es schloß sich dann eine lange Behandlung an, die zunächst einmal damit anfing, daß ich den Eltern gesagt habe, sie sollten diesem Symptom-Jungen erzählen, was passiert war, weil er etwas malte, was er nicht erlebt hätte, aber er konnte es malen, weil er scheinbar der am wenigsten Betroffene war. Es stellte sich auch heraus, daß das Ehepaar nie wieder miteinander über dieses Thema geredet hatte, und es stellte sich selbstverständlich auch heraus, daß die angeblich bearbeitete traumatische Erfahrung des Vaters noch überhaupt nicht bearbeitet war. Diese Behandlung setzte sich über viele Jahre fort, immer wieder mit Unterbrechungen. Ich habe mit ihnen von 82 bis 83 gearbeitet, dann nochmal 1986, dann nochmal so kurz vor 1988, während des Plebiszits, und das letzte Mal habe ich sie 1992 gesehen.

Warum diese Unterbrechungen und warum die lange Fortführung der Behandlung? Diese Familie hat immer wieder mit mir aufgearbeitet. In der ersten Behandlungsphase wurde diese Geschichte, die ich Ihnen erzähle, mit den Kindern geteilt, und dann arbeiteten auch die Eltern in Paartherapie ihre Traumatisierungsgeschichte durch. Zwei Jahre später, kurz nach dem Attentat auf Pinochet, das leider schiefgegangen war, was bedeutete, daß die Repression noch viel schlimmer wurde, als sie gewesen wäre, wenn es das Attentat nicht gegeben hätte, kommt die Familie wieder zu mir, das heißt, in einer Situation, wo die gesellschaftliche Bedrohung zunimmt, entfalten sie wieder Symptome. Es stellt sich heraus, daß die beiden Kinder sich noch gut daran erinnern, daß sie bei mir waren, und daß die Familie viel miteinander geweint hat, daß sie aber die Inhalte, über die sie gesprochen haben, vergessen haben. In gewissem Sinne wiederholen wir also die erste Behandlung. Und dann kam das Jahr 1988, als bei uns die Wahlen anstanden darüber, ob wir politisch für oder gegen die Fortsetzung des Regimes Pinochet waren, was eine ganz zwiespältige Angelegenheit war, denn natürlich waren wir alle dagegen, aber keiner glaubte, daß die Regierung akzeptieren würde, so einfach abgewählt zu werden. Wie Sie alle wissen, ist dieser Wahlvorgang akzeptiert worden. Pinochet mußte gehen. Allerdings ist der daraufhin einsetzende Demokratisierungsprozeß zwiespältig zu beurteilen, weil in ihm einerseits die Diktatur aufhörte, andererseits aber legitimer Bestandteil des neuen Rechtsstaates wurde. Für die Verarbeitung von Traumatisierungen stellt dies eine erschwerende Bedingung dar. In genau diesem Moment kam die Familie wieder zu mir.

Sie sehen also, daß der Traumatisierungsprozeß dieser Familie offensichtlich nicht nur von internen Strukturproblemen bestimmt war, sondern auch von externen politischen Prozessen. In bestimmten Momenten waren sie symptomfrei – dann hatten sie wieder Symptome, andere, dann hört es wieder auf, und dann fängt es wieder an. Es gibt auch eine ganze Reihe von Thematiken, die ich selbst – das betrifft nämlich nicht nur diese Familie, sondern auch mich – überhaupt erst nach und nach habe erfassen können. Ich war zum Beispiel in den ganzen Jahren 82 bis 88 in dieser Familie nicht in der Lage, mit dem Vater die gesamten aggressiven Thematiken, die aus der Folter stammten, ordentlich zu bearbeiten – auch die zwischen ihm und mir. Wir konnten trauern über die Selbstzerstörung, wir konnten trauern und den Zusammenhang herstellen zwischen politischer Erfahrung und Foltererfahrung, es gab aber eine ganz aggressive Dimension, die wir während der Diktatur gar nicht haben besprechen können, oder gefühlt, gespürt haben, weil die externe Aggression so groß war – für uns alle, für mich ebenso wie ihn –, daß wir sie sozusagen immer außen vor gelassen haben und erst nach dem Ende der Diktatur ein Phase einsetzen konnte, wo wir das auch zwischen uns haben zulassen und bearbeiten können. Das heißt: Der therapeutische Prozeß, ebenso wie die Störungen, von denen ich Ihnen berichte, war in vielerlei Hinsicht von intrapsychischen, sehr deutlich aber auch von sozialen und politischen Prozessen beeinflußt.

Mit den verschiedenen Vignetten, die ich Ihnen hier erzählt habe, geht es mir darum, mich der Frage anzunähern, was Traumatiserung eigentlich ist. Die meisten von uns glauben, daß sich Traumatisierungen wie die, von denen hier konkret die Rede war, deutlich von allen anderen unterscheiden und daß es ein Irrtum ist, sie in die gleiche Begriffswelt zu pressen. Dies ist der Grund, weshalb Leute wie ich in Anknüpfung an Bruno Bettelheim, der als erster den Begriff von der »extremen Situation« geprägt hat, von Extremtraumatisierung sprechen.

Der weltweit meistbenutzte Begriff ist der des »Post Traumatic Stress Disorder« (PTSD), bzw. seine deutsche Übersetzung, das »Posttraumatische Belastungssyndrom«. In diesem Traumakonzept werden zwar eine Reihe von Symptomen zusammengefaßt, die wir alle kennen, die häufig auftreten und für statistische und medizinische Zwecke vielleicht manchmal sinnvoll sein mögen, aber leider als Liste, als Symptomliste ungenügend sind und als Definition am Problem vorbeigehen. Zunächst einmal haben wir es nie mit »post« zu tun, sondern die Traumatisierung geht weiter. Die Traumata, über die wir hier reden, sind anders als alle anderen Traumatisierungen, obwohl es sicher Überschneidungen gibt. Die Posttraumatische Belastungsstörung interessiert sich nicht für das, was die Traumatisierung auslöst, sondern sie ist ein Symptomkatalog, der den auslösenden Faktor sozusagen für x-beliebig hält – und in dem Falle wären dann Herzinfarkt und Folter genau das gleiche. Wenn aber die Störung eine ist, die nicht nur in Menschen existiert, sondern zwischen Menschen und in Gesellschaften, dann kann unsere Diagnostik selbst ein traumatisierender Agens sein.

Das heißt: Wir müssen uns mit unserer Sprache sehr genau überlegen, wen wir wie diagnostizieren und im Zweifelsfalle noch kranker machen. Denn die Fälle, über die ich Ihnen eben berichtet habe, das sind ja eben keine Fälle, wo die Leute einfach krank werden, sondern sie werden krank innerhalb spezifischer politischer, kultureller Kontexte und in bezug auf diese. Und das gilt für die Shoah ebenso wie für die Kriegsteilnehmer in El Salvador, ebenso wie für Flüchtlinge usw. Diese Krankheiten sind nicht verstehbar als vom sozialen Kon-

text abgetrennte Krankheiten. Anders gesagt: Teil der Krankheit ist
ja die Aufspaltung zwischen sozialem Prozeß und privatem Erleben.
Politische Unterdrückung funktioniert immer am konkreten Körper,
ergibt aber nur einen Sinn als Teil eines gesellschaftlichen Prozesses.
Die konkreten Körper werden zerstört im Rahmen sozialer politischer
Machtentfaltung. Wenn wir nun diese konkreten Körper abspalten
und sagen: „Sie sind krank, müssen ins Krankenhaus" usw. und Namen für ihre Krankheit erfinden, die diesen politischen Bezug vergessen oder in den Hintergrund rücken lassen, dann laufen wir tatsächlich Gefahr, die Leute – noch bevor wir überhaupt mit ihnen zu arbeiten begonnen haben – noch kranker zu machen. Der PTSD ist in
diesem Sinne ein Meisterstück der entkontextualisierenden, entpoli-
tisierenden Begriffsbildung.

Gestatten Sie mir in diesem Zusammenhang ein Beispiel: In El
Salvador, wo wir, d.h. das ILAS-Team, seit längerem mit dortigen Kollegen zusammenarbeiten, gab es am Ende des Krieges das Bemühen
der nordamerikanischen Regierung, Mitglieder der Guerilla ebenso
wie des Militärs davon zu überzeugen, Veteranenkliniken einzurich-
ten, so wie man das für Vietnamveteranen in den USA gemacht hatte,
wobei die theoretische Grundorientierung selbstverständlich die des
PTSD war. Die USA waren damals bereit, solche Kliniken in El Salvador zu finanzieren. Die Guerilla meinte zu diesem Angebot, es sei
zwar sehr nett, aber sie hätten doch Schwierigkeiten damit, denn sie
hätten zu viele Kriegsjahre damit zugebracht, Helikopter über sich
hinwegfliegen zu sehen, auf denen US-Aid stand, aus denen aber auf
sie geschossen wurde. In dieser Hinsicht sei für sie auch das jetztige
»Aid«-Angebot etwas schwierig. Dies war auch für die Nordamerika-
ner unmittelbar einsichtig. Was sie aber erstaunt hat, ist, daß auch
die Militärs gesagt haben: Wir wollen diese Veteranenkliniken nicht.
Sie hätten zwar Leute, die krank seien, aber wohl unter anderem deshalb, weil sie, die Militärs, für die Amis die schmutzige Suppe ausge-
löffelt hätten in El Salvador, um jetzt in den Friedensverhandlungen
von ihnen im Stich gelassen und der Menschenrechtsverletzungen
angeklagt zu werden. Jetzt böte man ihnen an, sich mit PTSD-Konzep-
ten um die Kranken zu kümmern. Nein, daran hätten sie kein Interesse.

Für mich sind diese Militärs in El Salvador sehr deutlich Täter, daran hab ich gar keinen Zweifel. Ich stelle aber fest, auch die Täter argumentieren im Rahmen der bei ihnen auftretenden Krankheiten politisch. Und das ist kein Zufall. Ich gehe also davon aus, daß Extremtraumatisierung grundsätzlich etwas anderes bezeichnet als andere Traumatisierungen, weil die Krankheit hier immer individuell **und** sozial ist und nur in diesen Bezügen verstanden werden kann.

Ich gehe zweitens davon aus, daß sie im Sinne des Konzeptes von Hans Keilson sequentiell ist. Die Idee der sequentiellen Traumatisierung ist ein ganz radikaler Bruch mit allen unseren Vorstellungen über Trauma, weil wir uns dieses – in seiner methaphorischen Qualität von der Medizin her übertragen – letztendlich als einmaligen Bruch mit Konsequenzen vorstellen. Im medizinischen Sinne ist es z.B. ein Trauma, wenn ich mir einen Arm breche. Aber sequentielle Traumatisierung heißt, daß Trauma als Prozeß stattfindet. Es geht also nicht um einmal, auch nicht um viele Male, sondern um einen Prozeß, wo – um bei der Methaper zu bleiben – ein Knochen endlos zerbricht. In einem früheren Beitrag ist meiner Ansicht nach schon sehr zu Recht darauf hingewiesen worden, daß Flüchtlinge, wenn sie erst einmal im Asylland sind, selbstverständlich weiter traumatisiert werden, denn das ist genau das, was die Theorie der sequentiellen Traumatisierung impliziert. Wir können also verschiedene Momente des Traumatisierungsprozesses unterscheiden, wie z.B. Folter und Haft im Heimatland, die Flucht, Aufenthalt im Asylland, Rückkehr; oder auch wie Keilson in seiner Arbeit über jüdische Kriegswaisen in Holland: den Beginn der Verfolgung, die Trennung von den Eltern, die Zeit nach dem Krieg. Wir unterscheiden also Sequenzen der Traumatisierung, wobei die einzelne Sequenz immer in bezug auf die traumatische Situation beschrieben wird, d.h. in bezug auf eine gegebene soziale und politische Realität.

Das Ganze so zu sehen erlaubt uns, eine ganze Reihe von Vorgängen anders und richtiger einzuschätzen. Denken wir zum Beispiel an die Flüchtlinge in Deutschland. Landläufig scheint man davon auszugehen, daß Flüchtlinge möglicherweise in ihrem Heimatland gelitten haben, jetzt aber in Deutschland in Sicherheit sind und dementsprechend glücklich und natürlich nie wieder weg wollen. Denkt man aber an die traumatischen Sequenzen, dann wird klar, daß – wie be-

reits gesagt – auch das Asylland Teil des traumatischen Prozesses
wird. Abhängig davon, wie gut der einzelne Füchtling behandelt wird,
wird er an dieser Sequenz weiter erkranken oder auch ein Stück weit
gesunden. Für einen Flüchtling ist das Asylland nicht das ersehnte
Glück, sondern perspektivisch das geringere Unglück. Je rascher man
einen Flüchtling vertreiben will, je schlechter man ihn behandelt, um
so mehr sorgt man dafür, ihn krank zu machen und ihm auch nach
den Kriterien der Ausländerpolizei eine Rückkehr zu erschweren.

Es mag manchen geben, der wirklich glaubt, in Deutschland gäbe es
zu viele Ausländer. Dabei würde es genügen, die Statistiken über Be-
völkerungswachstum zu lesen, um zu wissen, daß, wenn Deutschland
nicht sehr bald Einwanderungsland wird, mit einem jährlichen Zuzug
von Ausländern, der weit über dem aktuellen Durchschnitt liegt, daß
dann die Bundesrepublik in etwa fünfzig Jahren zusammenbricht.
    Läßt man aber solche Erkenntnisse einmal beiseite, dann bleibt
immer noch übrig, daß das, was sich heute als Ausländerpolitik bezeichnet, wie z.B. die berühmte »Rückführung« der Flüchtlinge aus
dem ehemaligen Jugoslawien, in Wirklichkeit im Sinne der Gesund-
heitserhaltung schlichtweg Verbrechen sind. Ich will das einmal so
polemisch sagen, unter anderem, weil gerade heute in der Zeitung
über einen Suizid in Berlin berichtet wurde, von einem bosnischen
Flüchtling, der Muslim war und aus einem Teil Bosniens kam, der zur
Zeit von Serbien kontrolliert wird – einem Mann also, der nicht zurück kann und der trotz offizieller Zusage, daß in Berlin vor April niemand ausgewiesen würde, nun doch einer Reihe von Einschüchte-
rungsversuchen durch die Polizei ausgesetzt war: indem ihm dauernd
weiter die Androhung seiner Ausweisung vor die Nase geknallt wurde,
mit kleinen beschämenden Maßnahmen wie etwa, seine Aufenthalts-
genehmigung immer nur um eine Woche zu verlängern. Und nun hat
er sich umgebracht. Der Berliner Innensenator hat freundlicherweise
zugesagt, untersuchen zu wollen, ob die Anschuldigungen der Hilfs-
organisationen der Wahrheit entsprechen, daß nämlich ein Kausalzusammenhang bestünde zwischen dem Suizid und dem Umgang bei
der Rückführungspolitik.
    An dieser Stelle wird der Skandal dann vielschichtig. Nicht nur
scheinen Politiker, in diesem Fall der Berliner Senat, Argumente

gegen die Rückführungspolitik für ausschließlich politisch zu halten – d.h. gesundheitliche Argumente zählen nicht bzw. sind verlogen –, nein, im nachhinein wird dann in gewissem Sinne doch wieder eine Fachlichkeit gesucht bzw. angesprochen, die den Kausalzusammenhang zwischen Politik und Suizid nachzuweisen hat. Und damit wären wir dann bei der Gutachterpraxis angelangt, die sich die Deutschen schon in der Folge des Holocaust als außerordentliche Peinlichkeit geleistet haben. Das wiederholen wir ja jetzt und müssen es auch wiederholen, weil wieder die Frage gestellt wird: „Ja, wie beweist ihr denn, daß jemand traumatisiert ist, zeigt es uns doch mal. Und wenn ihr das bestätigt, dann sind das Gefälligkeitsgutachten, und wenn ihr das nicht bestätigt, dann sagt ihr wahrscheinlich die Wahrheit."

Das Problem ist nun, daß die Gutachten mit dieser Haltung nicht nur von vornherein entwertet werden, sondern daß auch wir, die Fachleute, in einen fast unlösbaren Widerspruch geraten. Weigern wir uns, die Gutachten zu schreiben, dann nehmen wir dem Flüchtling X oder Y möglicherweise seine letzte Chance, der Ausweisung zu entgehen. Schreiben wir die Gutachten aber, dann beteiligen wir uns unausweichlich an der Vertiefung des Traumatisierungsprozesses des entsprechenden Flüchtlings.

Dabei könnte man dieses Problem auch im Sinne der Politiker viel besser lösen. Wenn jemand aus dem Dorf X kommt, aus dem er vertrieben worden ist, wo die Hälfte der Bevölkerung vergewaltigt worden ist, und wir das wissen, dann wissen wir auch, daß diese Person traumatisiert worden ist. Das einzige, was wir nicht wissen, ist, ob diese Person jetzt symptomatisch ist oder nicht. Aber um die Traumatisierung zu belegen, ist es unerheblich, ob der Betreffende sichtbar krank geworden ist. Wir müssen nur ordentlich und sorgfältig in Erfahrung bringen, aus welcher Situation er kommt. Die Traumatisierung hat dann natürlich verschiedene Phasen, und um eine spezifische Falldiagnostik kommen wir nicht herum – aber nicht etwa, weil wir sie bräuchten, um die Traumatisierung belegen zu können, sondern weil wir sie für die spezifische Behandlungsplanung brauchen.

Auch in bezug auf Gefolterte begegnen wir in Deutschland einer völlig verrückten Untersuchungspraxis. Im Asylverfahren wird erwartet, daß die Asylanten eine kohärente Darstellung darüber geben können, wie sie gefoltert worden sind, möglichst noch mit einem

kleinen dramatischen Touch, damit es glaubwürdiger ist. Jeder von
uns, der mit solchen Leuten arbeitet, weiß, daß die erste, grundlegende Überlebenstechnik bei Extremtraumatisierung die Spaltung
ist. Spaltung heißt: Je mehr Distanz ich zu meinem eigenen Körper
kriege, zu mir selbst, desto mehr kann ich diese Situation, in der ich
kaputt gemacht werde, auch überleben. Mit anderen Worten, jemand, der eher unbeteiligt über seine Situation berichtet oder in
Bruchstücken, wird letztendlich das berichten, was wirklich Trauma
ist, während jemand, der sich so verhält, wie das hier von ihm oder
ihr erwartet wird, entweder lügt oder gelernt hat – als Überlebenstechnik –, sein Schicksal den deutschen Behörden in verlogener
Form vorzutragen, damit sie sein reales Leid nicht weiter verschlim-
mern.

Hier möchte ich die Polemik abbrechen und Sie mit einem Gedicht
von Nelly Sachs bekanntmachen, das in einem wunderbaren Buch
von Hans Holderegger (Der Umgang mit dem Trauma) zitiert wird,
welches das Wesen der traumatischen Erfahrungen sehr gut beschreibt:

Diese Nacht
ging ich eine dunkle Nebenstraße
um die Ecke
Da legte sich mein Schatten
in meinen Arm
Dieses ermüdete Kleidungsstück
wollte getragen werden
und die Farbe Nichts sprach mich an:
Du bist jenseits!

Holderegger interpretiert dieses Gedicht auf vielfältige Art und Weise
und faßt am Schluß sehr gut zusammen, was meiner Ansicht nach der
zentrale Punkt im traumatischen Prozeß ist. Er sagt: „Die letzte Zeile
ist kursiv gedruckt und mit einem Ausrufezeichen versehen. Sie wirkt
wie das Negativ eines Schreis, der dem traumatisierten lyrischen Ich
nicht möglich ist. Mit dem letzten Hauch der Schlußzeile vollzieht
sich eine Wandlung, die das Gedicht mit seinen Bildern vorbereitet
und zum Ausdruck bringt. Es fehlt der Affekt. Das Lebendige ist end-

gültig gewichen. Die Wandlung besteht in einem transzendenten Vorgang, einem Übergang in einen anderen Zustand, was auch durch die Veränderung des Schriftbildes zum Ausdruck gebracht wird. Die radikalste Regression ist der Tod, das Nichtsein. Das Grauen des Traumas, von dem Nelly Sachs berichtet, besteht darin, daß dieser Tod vom Ich, das wie neben sich selber steht, noch wahrgenommen wird. Der Tod hat kein Ende, das ist der apokalyptische Schrecken dieses Traumas." (Hans Holderegger 1993: Der Umgang mit dem Trauma. Stuttgart, Klett-Cotta, S. 148/149)

Für mich ist das eine sehr gute Beschreibung dessen, was im Trauma passiert. Das sind Menschen, die den Tod erlebt haben. Aber nicht so, daß sie wenigstens die Gnade des wirklichen Todes hätten, sondern so, daß sie gleichzeitig lebendig sind und diesen Tod in sich wahrnehmen. Ich denke, wenn wir uns in Diagnostik und in Therapie damit beschäftigen, dann müssen wir wissen, daß das das Thema ist. Wir müssen uns fragen was dieses Thema für uns selbst bedeutet. Wie fühlt es sich denn an, mit dem Tod zu arbeiten? Was löst das in uns aus?

Eines der typischen Probleme ist zum Beispiel, daß wir alle gerne helfen wollen. Natürlich, wer will nicht gerne sozial sein und helfen? Aber daß es uns ganz schwer fällt, auch mal böse zu sein, zu merken, daß einem ein Opfer auch ganz unangenehm sein kann und daß wir dem Tod, den diese Patienten in sich tragen, nicht entkommen und nur entscheiden können, ob wir uns ihm stellen. Der Tod, um den es in Traumatisierungen und politischen Traumatisierungen geht, ist immer ein höchst aggressiv geladener Tod, der auch immer wieder droht, uns zu erschlagen. Wir haben das Recht, davor Angst zu haben und unsicher zu sein.

Das Problem ist auch, daß sich die Beschäftigung mit diesen Arten von Traumatisierungen leider nicht auf Therapeuten und Spezialisten bezieht. In unserem Land tauchen die meisten dieser Patienten zu allererst bei Ärzten auf mit irgendwelchen x-beliebigen Krankheiten.

Wir haben bei uns in Chile zum Beispiel festgestellt, daß die extremtraumatisierten Patienten an den gleichen Krankheiten krank werden wie andere Chilenen auch, aber bei allen dauern die Krankheiten länger und sind behandlungsresistenter, trotz adäquater medikamentöser Behandlung, als bei anderen. Wenn das ein Arzt weiß, dann wird er in Verhältnissen, wo er mit solchen Dingen zu tun hat, von vornherein danach fragen. Er wird nicht warten, bis die Traumatisierung direkt auftaucht, sondern er wird verstehen, daß er auf stattfindende Traumatisierung reagiert. In Holland war es nach dem zweiten Weltkrieg lange Zeit üblich, keine Anamnesen zu machen, ohne zu fragen, wie jemand im Zweiten Weltkrieg gelebt hat. In Deutschland ist dies in die Anamnesepraxis nicht eingegangen, obwohl es offensichtlich ist, daß man in Deutschland eigentlich weder Psychotherapie noch Medizin betreiben können, ohne zu fragen, in welchen Zusammenhangen das zustande kommt. Und so gilt es eben auch in diesen Fällen, daß wir versuchen müssen zu verstehen, herauszubekommen, wie, unter welchen Verhältnissen ein Patient krank wird.

Ein Patient von mir, der schwer gefoltert worden war mit Strom, mußte, als er 65 Jahre alt war, ein EKG machen. Er wohnte 1000 km entfernt von Santiago. Er war der Meinung, ja, das EKG sei nötig, aber er wolle dem Arzt nicht erzählen, wer er war und wo er herkam. Natürlich ging die Untersuchung schief, weil er beim Anlegen der Elektroden solche Angstzustände kriegte, daß kein EKG abzunehmen war. Dann kam er zu mir, erzählte mir die Situation, und ich riet ihm, er solle dem Arzt sagen, wer er sei und warum das so nicht funktionieren könne. Und er solle schlichtweg sagen, was sein Schaden sei. Diesem Mann war so viel Elektrizität ins Hirn gepumpt worden, daß es ein Wunder war, daß er überhaupt noch denken konnte. Er folgte meinem Rat, und es stellte sich heraus, daß der Arzt auch ein Altlinker war, der seine eigenen Erfahrungen mit der Verfolgung hatte. Dann hat man das EKG nochmal gemacht: siehe da, es ging.

Wenn Sie sich das als Behandlungsschema vorstellen, dann können Sie sagen, ich kann warten, bis der Patient es schafft, mir das zu sagen. Sie können aber auch sagen, es müßte eigentlich zur ärztlichen Ethik gehören, wenn man mit Menschen zu tun hat, wo man so etwas ahnen kann, so freundlich und einfühlsam danach zu fragen, daß ein Patient darauf eingehen kann.

Ich hatte im Titel meines Vortrags erwähnt, daß ich auch über Trauerprozesse sprechen wollte. Obwohl ich indirekt schon die ganze Zeit davon spreche, gestatten Sie mir doch noch ein paar Anmerkungen.

Eigentlich können wir in bezug auf die Therapie von traumatischen Prozessen nur von Trauerprozessen sprechen, denn die Katastrophen sind ja schon passiert. Man kann vielleicht betrauern, aber mit Sicherheit nicht wiedergutmachen. Wir können ja geschehenes Unrecht nicht in Recht verwandeln. Allerdings sind die Trauerprozesse, um die es hier geht, sehr spezieller Natur. Bei allen Trauerprozessen kann man eine erste Phase unterscheiden, die mit der Akzeptanz des Verlustes, mit der Anerkennung der Realität des Verlorenen zu tun hat, und eine zweite, die dann mit dem eigentlichen Trauern, bzw. dem, was wir Trauerarbeit nennen, zu tun hat.

Das Problem ist, wenn wir von Extremtraumatisierten, z.B. Folteropfern, sprechen, dann ist nicht etwas anderes verlorengegangen, sondern man ist selber verlorengegangen. Das ist nun sehr schwierig. Denn wie trauert man, wenn man selbst verloren ist? Wie soll man denn betrauern, daß man selber nicht mehr existiert, bzw. ein schwarzes Loch in der Psyche hat oder, wie Nelly Sachs es beschreibt, »jenseits ist«? Der Selbstverlust, um den es hier geht, kann nicht einfach betrauert werden, sondern muß zunächst einmal als solcher zur Sprache kommen können und anerkannt werden, im Rahmen einer lebendigen Beziehung. Dieser Tod, von dem wir geredet haben, muß zwischen Ihnen und Ihren Patienten lebendig werden können, in dem Sinne, als der Tod, ohne ihn zu verleugnen, Bestandteil der Beziehung zwischen Therapeut und Patient wird. Und das heißt dann, daß der Tod zwar nicht verschwindet, aber daß er Teil einer lebendigen Beziehung wird. Das kann er aber wiederum nur sein, und damit komme ich auf den Anfang zurück, wenn Sie diesen Tod da, wo er stattgefunden hat, und auf die Verhältnisse, in denen er stattfindet, immer wieder neu anerkennen, immer wieder neu verstehen.

Wir wissen, daß die Begräbnisrituale zu den ältesten zivilisatorischen Leistungen der Menschheit gehören. Wir müssen uns also überlegen, wenn das so wichtig ist, schon bei normalen Todesfällen, was haben wir denn für Rituale anzubieten, wenn es um Todesfälle von einem selbst geht. Was haben wir denn anzubieten, wenn wir Flüchtlinge aufnehmen und ihnen statt Halt und Anerkennung der gelebten Zerstörung immer wieder nur eine Bestätigung der Zerstörung liefern, immer wieder nur dem noch eins draufgeben. Und ich denke, in diesem Sinne müßten wir uns dann fragen: Ja, wo erlauben wir denn, daß Räume zustande kommen, in denen Symbolisierung ein bißchen stattfinden kann, wo das schwarze Loch stückchenweise übersetzt werden kann in einen zwischenmenschlichen Raum und dann irgendwann mal auch Trauer beginnen kann. Trauer, die unsere Täter- oder Mittäterschaft oder auch Ambivalenzen in der Opfer-Täter-Situation nicht beseitigen kann und will, die aber zumindest ein Anfang wäre, um in dieser Thematik ein bißchen weiterzukommen.

Heinz Stefan Herzka
Zur generationen-übergreifenden Erfahrung:

Das Peritotalitäre Syndrom

Erst in der zweiten Hälfte unseres Jahrhunderts beginnt in den Humanwissenschaften und in der Öffentlichkeit eine alte Erfahrung neu anerkannt zu werden: Unrecht, Folter und Vertreibung in ihren extremen Formen schädigen nicht nur die unmittelbaren Opfer für ihr ganzes Leben, sondern auch deren Kinder und Enkel sowie die weitere Geschichte einer Gemeinschaft, sowohl der Opfer wie der Täter. Ich selbst kann sowohl zur ersten wie zur zweiten Generation derjenigen gezählt werden, welche durch die Nazibewegung ausgerottet werden sollten, denn ich wurde als Kleinkind vertrieben, hatte aber das Glück in der Emigration mit meinen Eltern und unter deren seelischem Schutz vor Folterungen bewahrt zu bleiben und zu überleben.

Das Einmalige und das Grundsätzliche

Um keinerlei Verharmlosung Vorschub zu leisten, sei vorweg festgehalten: Die systematische Quälung und Ermordung von Millionen Wehrloser, Kinder, Jugendliche, Frauen, Männer, Mütter, Väter, Großeltern, geplant, organisiert, technisch perfektioniert durchgeführte Vernichtung, Ermordung loyaler Bürger, nicht Gegner in einem Krieg, keine politischen Feinde, nicht aus religiösem Fanatismus, Menschen die niemandem etwas zuleide taten, bemäntelt lediglich mit einer ausgeklügelten Rassenideologie, ein Hohn auf alle Ethik und Menschenwürde, das hat in der Geschichte nicht seinesgleichen, nicht vorher – und so grundlos und planvoll über Jahre hinweg auch nicht seither. Das war möglich, weil Millionen Menschen, welche der gleichen europäischen und deutschsprachigen Kultur angehören wie Sie und ich, Menschen aller Bildungsschichten, dies stützten und mittrugen oder vor Angst gelähmt, von ideologisch geschärften Worten geblendet und aufgehetzt, das bis dahin Undenkbare geschehen ließen. Und es konnte nur so weit kommen und durchgeführt werden, weil eine internationale, sogenannt aufgeschlossene Weltöffentlichkeit Jahre vorher schon zusah ohne Konsequenzen zu ziehen – alle die wissen wollten, wußten alles längst vor Ausbruch des sogenannten zweiten

Weltkrieges. Und als dann über Jahre hinweg das Morden umging, so
nahe der Schweiz, wo ich Zuflucht fand, da wurden manche, wie ich,
gerettet, aber viele andere an der Schweizer Grenze abgewiesen, zu-
rückgeschickt in Folter und Tod. Das alles ist einmalig. Und diese Ein-
maligkeit darf nicht durch allgemeine Folgerungen und Überlegungen
relativiert oder gar bagatellisiert werden. Alles andere wäre eine Ver-
fälschung der Geschichte. Thema dieser Ausführungen sind jedoch
nicht die einmaligen Greuel, die in der Mitte unseres Jahrhunderts, in
der Mitte des sich als kultiviert einschätzenden Europas verübt wurden, sondern was das Geschehene für die Kinder der Verfolgten, Ge-
quälten und Ermordeten mit sich brachte, und für deren Kinder.

Diese Auswirkungen eines Massenverbrechens auf die Folgegenerationen sind – anders als die Ereignisse der Nazizeit – keineswegs einmalig. Die Wirklichkeit ist, daß die Folgen von Folter, Mord, Verfolgung und Vertreibung auf Kinder und Kindeskinder sich seither nicht
bloß da und dort wiederholt haben, sondern an verschiedenen Orten
der Welt ohne Unterbruch weitergingen und bis zu diesem Moment
weitergehen, als wären die Auswirkungen des Massenmordes auf die
Folgegenerationen nie zur Kenntnis genommen worden.[1, 2, 3] Und gar
noch weniger gibt man sich Rechenschaft darüber, was es für Menschen bedeutet, Kinder und Enkel von Mördern und Peinigern zu
sein[4]. Ich nenne einige wenige von Menschen angerichtete Vernich-
tungskatastrophen beim Namen: die Kinder von Hiroshima, die Kinder aus dem Koreakrieg und dem Vietnamkrieg, aus dem Kambod-
schanischen Krieg, Kinder und Enkel der Opfer des Stalinismus, die
Kinder aus Afghanistan, aus dem Algerienkrieg, die Kinder der Gefolterten und Verschwundenen in Chile, Argentinien, Peru, Uruguay
und Guatemala, die Nachkommen der Opfer der griechischen Diktatur,
die Kinder aus den irakischen und iranischen Kriegen, die Kinder
der Ermordeten in Zentralafrika, die Kinder von Kurden und die Kinder der Vertriebenen, Ermordeten und Geschändeten auf dem Balkan.

Man hat bisher statistisch nicht ermittelt, wie viele Kinder von
Unrechtskatastrophen betroffen wurden und werden. Informierte
internationale Organisationen schätzten 1995, daß 23 Millionen
Menschen in die Flucht getrieben waren. Die Hälfte oder mehr dieser
23 Millionen waren unter 18 Jahre alt, Kinder und Jugendliche. Für
das ehemalige Jugoslawien sind es über 1,5 Millionen Kinder und

Jugendliche[5]. Die Massaker in Ruanda kosteten schon damals 300 000 Kindern das Leben, alle anderen verloren mit ihnen auf brutalste Art Geschwister und Altersgefährten. In Kambodscha hat der Bürgerkrieg eine viertel Million Kinder zu Waisen gemacht. Im Bürgerkrieg von Moçambique wurde nach Schätzungen jedes sechste oder siebte Mädchen vergewaltigt[6]. Man kann mit Recht mehr oder weniger bedeutsame Differenzierungen anbringen und darauf hinweisen, daß es einen Unterschied macht, ob der Vater als Freiheitskämpfer umkam, als Oppositioneller verschwand, bei einer »ethnischen Säuberung« oder in einem Geheimdienstkeller zu Tode gefoltert wurde, ob ein Kind wegen politischem oder religiösem Fanatismus seine Eltern und sein Zuhause verlor und in die Emigration getrieben wurde; aber so notwendig es ist, das Besondere der Ereignisse in Erinnerung zu rufen, so wenig ausschlaggebend halte ich die Unterscheidung der Auswirkungen unterschiedlicher Verbrechen gegen die Menschlichkeit im Hinblick auf die Kinder und Kindeskinder. Solche Nuancierungen können sogar zur Relativierung und Bagatellisierung dessen mißbraucht werden, was Kindern unvermindert und weltweit angetan wird[7].

Die Nachkommen der Opfer, jene die ihr Leben retten konnten oder als Kinder von Gefolterten oder Geflohenen geboren wurden, erfuhren in den letzten 50 Jahren unausgesetzt und ihr Leben lang, daß ihr Schicksal faktisch unbeachtet blieb, daß der Zusammenhang ihrer Erfahrung mit den Folgen späterer Greuel kaum hergestellt und diese nicht verhindert wurden. So war in der Öffentlichkeit beispielsweise zwar von den unmittelbaren Schädigungen der Kinder des Balkankrieges oder in Zentralafrika die Rede, aber kaum davon, was dies für das spätere Leben dieser Kinder und ihrer Kinder bedeuten wird. Das Wesentliche, das in den Kindern vor sich geht, braucht wenige Worte: In ihnen wird das grundsätzliche Vertrauen in den Menschen und in das Leben systematisch gebrochen, das Vertrauen in die schützende Macht der selbst hilflosen Eltern und in den Mitmenschen. Sie werden wehrlos mit der Zerstörungskraft willkürlicher Gewalttätigkeit konfrontiert, mit der eigenen Ohnmacht und der Tatenlosigkeit derjenigen, die nicht verhindern, was ihnen und den Ihren angetan wird. Sie werden der Mitmenschlichkeit beraubt, auf die sie als Kinder angewiesen sind, ihre Bindungen an ein Zuhause werden zerbrochen, ihre sozialen und kulturellen Wurzeln ausgerissen. Im

Übersicht 1:
Einige mögliche Haltungen und Einstellungen
der Kinder schwer traumatisierter Eltern
• Verunsicherung, Schuldgefühle (»Überlebensschuld«) Ängste, Erfolgs-
zwang (z.b. in eigener Sexualität, Partnerwahl und Erzieherrolle)
• Verzerrungen, wie Hochstilisierung oder Bagatellisierung der Eltern-
erfahrung bzw. von deren Einfluß
• Aggressionsverdrängung bzw. hochgradige Ambivalenz zwischen
Macht- / Ohnmachtgefühlen oder der eigenen Rolle als Täter oder
Opfer
• Identifikation mit dem Angreifer, (»mir wird das nicht passieren«)
oder Fixierung in einer Opferrolle (»es darf mir nicht gut gehen«)
• Scham für die Eltern, ev. Aufgabe, deren seelischer oder konkreter
Rächer zu sein.
• Verleugnung der Herkunft, ev. doppelte Persönlichkeit (im Sinne der
Anpassung an die Alltagserfordernisse einerseits und eines gleichzeitig
»anderen Lebens«, das mit den Erfahrungen als Nachkomme zu tun hat
• Übersteigerte Betonung des familiären Zusammenhaltes (»Familismus«)
mit mangelnder persönlicher Abgrenzung und familiärer Kränkbarkeit.
• Loyalitätskonflikt zwischen der eigenen Identität und einem oft
unbewußten und unausgesprochenem »elterlichen Auftrag« zwischen
Herkunftskultur bzw. Religion und Exilland
• Soziale (und familiäre) Ablösungs- und Identitätskrise in der Adoleszenz: Abkehr von der Ursprungsgruppe oder Idealisierung derselben
• Politische oder soziale »Mission« (Identifikation »mit allen Opfern«)
oder »innere Emigration« vor aller Politik.

Exil sind sie fremd, dem Fremden und der meist anonymen Gewalt
der Obrigkeit erneut ausgeliefert. Ausgeliefert und wehrlos zu sein, mit
zerbrochenem Vertrauen, nicht weil ein unabwendbares Schicksal
hereingebrochen wäre, sondern weil andere Menschen, erwachsene
Mitmenschen, eine Unrechtskatastrophe herbeiführten – für die sich
inzwischen der Begriff des »human made disaster« gefunden hat – das
wird zur grundsätzlich schädigenden Erfahrung aller Nachkommen von
Verfolgten, die bei allen Variationen im wesentlichen die gleiche ist.

Man kann in einer Übersicht mit Worten wohl andeuten, was die
Folgen sind (Übersicht 1), aber man darf nicht übersehen, daß solche

distanzierten Worte wenig taugen, um die seelische Wirklichkeit zu vermitteln.

Hört man, was Erwachsene reden, so liegt ihnen nichts so am Herzen wie die Kinder. Und gewiß wird viel für Kinder getan. Schulen werden gebaut, Bildungssysteme reformiert, Hilfsprogramme aufgestellt, Kinderrechte formuliert. Fühlt man aber nach, was Kindern angetan wird, so sind immer sie die am meisten wehrlosen, am meisten seelisch und körperlich mißhandelten Opfer der von Erwachsenen gestalteten Welt. Gesagt wird, daß nichts über ein Kind geht; was geschieht, ist, daß das Wohl des Kindes laufend übergangen wird. Und diese Doppelbödigkeit wird vom Kind gefühlt und erlitten[8].

Auch ich bin Geschichte

Auch ich bin Geschichte – das gilt für jede und jeden. Zusammen mit der Erfahrung des eigenen Körpers, mit der Möglichkeit zum eigenen Handeln und Tun und mit unseren sozialen Beziehungen, ermöglicht das Bewußtsein der eigenen Geschichte und der Teilhabe an der Geschichte der Menschheit, daß ich von mir als Ich sprechen kann. Geschichte stiftet eines jeden Identität. Geschichte verbindet mich mit meinen Vorfahren und Nachkommen und mit der Gemeinschaft, der ich angehöre. Sie ist meine Geschichte, diejenige meiner Familie, und sie ist politische Geschichte. Geschichte ist aber nicht nur, was früher geschah, sondern ebensosehr, was hier und andernorts, heute und jetzt geschieht und geschehen wird, von jedem, und sei es auch in einem noch so engen Umfang, mitgestaltet. Geschichte ist jede und jeder, und Geschichte ist immer, auch jetzt.

Es besteht die Tendenz, die drei Bereiche der Geschichte, die persönliche, die familiäre und die politische, voneinander getrennt wahrzunehmen und abzuhandeln. Diese Trennung erschwert, daß jede und jeder die Geschichte beteiligt mitgestaltet und daß das Recht, welches eine demokratische Verfassung formal dazu gibt, nicht wahrgenommen wird. Das kommt einigen ganz gelegen. Geschichte bleibt aber gegenwärtig. Sie ist nicht anonyme Erfahrung, in der Daten und Fakten im Vordergrund stehen, sondern eine persönliche, personifizierte Geschichte, die von individuellen Menschen, von ihren Leistungen und Fehlern berichtet, eine Geschichte, in der die Einordnung in die Ahnenreihe, die Familiengeschichte, eine zentrale Rolle spielt.

Halten Sie, Leserin oder Leser dieser Ausführungen, an dieser Stelle des Textes inne, legen Sie das Geschriebene beiseite und befassen Sie sich mit folgenden allgemeinen Fragen und Vorschlägen, bei denen es keineswegs nur um besonders verletzende, traumatisierende Erlebnisse gehen soll, auch wenn solche eine besondere Rolle spielen mögen:

- Was haben die eigenen Eltern vor meiner Geburt erlebt? Was hat ihre Generation an historischen Ereignissen mitgemacht, was haben sie selbst erlebt? Wie hat sie dies vermutlich beeinflußt oder geprägt? Was hat es für sie als meine Erzieher bedeutet, und wie bin ich selbst dadurch beeinflußt worden, wie habe ich darauf reagiert, was habe ich selbst dadurch mitbekommen? Und wenn es Ihnen möglich ist, – auch wenn es schwierig sein sollte, davon zu reden – suchen Sie das Gespräch darüber mit Ihren Eltern und Geschwistern. Solche Gespräche können nicht nur für Sie selbst, sondern auch für Ihre alternden Eltern von Bedeutung werden.

- Was habe ich in meiner eigenen Generation erlebt, das für meine eigene Haltung als Mutter oder Vater, für meine Erziehungspraxis wichtig sein könnte? Welche Vorstellungen für die Entwicklung meiner Kinder kamen dadurch zustande, welche Ziele und Werte für die Erziehung. Und wenn es Ihnen möglich ist und von Ihren Kindern angenommen wird, so suchen Sie mit ihnen, wie jung oder alt sie auch sein sollten, das Gespräch darüber. Weder belehrend noch erklärend oder sich entschuldigend, sondern im Sinne einer Mitteilung des Erfahrenen und der Ergebnisse des Nachdenkens darüber. Dabei sind auch die unterschiedlichen Erlebniswelten von Mutter und Vater von Bedeutung.

- Was könnten die Erfahrungen meiner Kinder für ihre Elternschaft bedeuten? Was könnten sie aufgrund derselben ihren Kindern in der Erziehung und im Zusammenleben vermitteln? Worin unterscheidet sich die Lebenserfahrung ihrer Familie von der meinigen, von derjenigen der »Ursprungsfamilie«?

Einige eigene Erinnerungen

Meine persönlichen Erinnerungen an die Emigration sind unspekta-kulär[9]. Aber sie haben mich geprägt. Ich stand die ganz alltäglichen Ängste eines Emigrantenkindes durch, keine gewalttätige Grausam-keit oder Folter, aber Bedrohung beispielsweise durch Ausweisung so-wie die Gefahr der Rückweisung von nahen Familienangehörigen. Das hat Narben gesetzt, die mein Leben geprägt haben. Manches, das mich beruflich beschäftigt, würde mich sonst vielleicht weniger be-schäftigen. Ich gebe diese, schon früher mitgeteilten Erinnerungen hier wieder, weil sie meine erlebte Grundlage für die fachspezifischen Ausführungen dieses Artikels sind und damit ein Teil derselben.

Aus meinem frühen dritten Lebensjahr begleitet mich eine Erinne-rung, die auch ein Tagtraum sein kann: Ich stehe als Knirps zwischen Menschen, die dicht gedrängt eine Tribüne aus roh gezimmerten Brettern füllen. Sie schauen einer Gruppe im Taktschritt vorbeimar-schierender Soldaten zu. Über mir sehe ich, wie alle die Hand zum Hitlergruß erheben. In naher Distanz stehen meine Eltern, und ich empfinde die Ungewißheit, ob ich nun die Hand ebenso wie alle zu heben hätte und ob meine Eltern dies billigen. Ich habe ein Gefühl von Zweifel und Beunruhigung. Mir ist, als wären sie, aus mir nicht einsehbaren Gründen, unschlüssig, würden mich am liebsten wieder ganz nahe bei sich haben und wegziehen.

Als sich der Nationalsozialismus in Deutschland und Österreich formierte, wurde ich als erstes und spätes Kind meiner Mutter 1935 in Wien geboren.[10] Kurz vor dem »Anschluß« verließen meine Eltern mit mir Österreich, in der Meinung, es sei für wenige Wochen, ohne zu wissen, daß dies für den Rest ihres Lebens Emigration bedeuten würde. Ein Erinnerungsbild gehört zu einem Bahnhof. Ich sehe vor mir einen grauen Bahnsteig und metallen glänzende Schienen. Dieser Ausschnitt liegt in einem Raum, der nicht bestimmt ist und dessen Grenzen nicht sichtbar sind. Er ist erfüllt von fremden Stimmen und Lauten, von einer großen Spannung. Irgendwie gehören auch Unifor-men dazu. Es muß der Grenzbahnhof Buchs gewesen sein.

Diese Art Erinnerung ist nicht in Worte zu bringen. Es geht um Gefühlserinnerungen, um Stimmungsbilder. Sie sind wie Gerüche; sie haften, sind unsagbar. Nichtssagend sind dafür auch die üblichen psychologischen Begriffe wie Angst, Spannung, Ambivalenz.

Aus der Großstadt Wien und einem intellektuellen Milieu, das sich an Theater, Musik, Literatur, Psychologie und an allem orientierte, was das kulturelle Leben ausmacht, erfolgte der abrupte Wechsel in ein Bergdorf in der Schweiz. Meine Eltern hatten hier Freunde, die einen kleinen Exilantenkreis bildeten. Bruchstücke von Erinnerung, die ich mit mir trage, weisen auf die Andersartigkeit und Fremdheit des Emigrantenkindes hin: Meine Lederhose, mit dem nach unten abklappbaren, viereckigen Hosenlatz ist völlig deplaziert. Sie isoliert mich von den Bauernkindern in ihren langen Hosen. Sie ist untragbar. In der mit Holz geheizten Schulstube stehen die Kinder jeden Morgen geräuschvoll auf und leiern das Vater-Unser herunter. Ich tue es ihnen nach und verstehe überhaupt nichts von dem, was da gesagt wird. Im Winter riecht es nach nassen Kleidern, manchmal auch nach Stall. Gerüche, die mir zutiefst vertraut bleiben. Wir wohnen im Hause des Schreiners. Mein Vater lernt dessen Handwerk, um nicht allzusehr unter dem Arbeitsverbot zu leiden, das für alle Emigranten galt, und fertigt für uns Möbel an und Spielsachen für das Kind. Die Werkstatt riecht nach Holz und Leim. Für mich ist dieser Geruch seitdem mit Wohnlichkeit und Sicherheit verbunden.

Dann ist da noch die brüllende Stimme Adolf Hitlers im Radio, die gespannte Aufmerksamkeit auf die Nachrichten oder die Meldung, man würde in den KZ's aus Menschenknochen Seife und aus Menschenhaut Lampenschirme machen. Noch heute ist dies das erste, was mir zu einem Lampenschirm aus Pergamentpapier einfällt.

Es folgen Erinnerungsstücke aus drittklassigen Hotels. Das Bübchen schläft entweder zwischen den Eltern oder auf einer Couch. Sie ist gewölbt, hat aufspringende Bettfedern, und man muß sich in die Spalte zwischen Sitzfläche und Rückenlehne hineinkuscheln. Das Licht beim Einschlafen ist gedämpft, da der Vater stets sorgfältig Zeitungen um die Lampe bindet. Zum Einschlafen gehört das gedämpfte Gespräch der Eltern, und die Frage klingt nach: »Ist er eingeschlafen?« Dazu der Eindruck ungeheurer Anspannung, von etwas unsagbar Wichtigem. Es waren jene Momente, in denen meine Eltern mit den Behörden um die Aufenthaltsbewilligung für die nächsten Angehörigen kämpften, die nachkamen, teils auf abenteuerlichen Schleichwegen über die Grenze. Garanten mußten gefunden werden, die bei den Behörden ein gutes Wort einlegten und finanziell geradestanden, um die Rückschaffung (Ausweisung) zu verhindern. Sie hätte den sicheren Tod bedeutet. Auch unsere eigene Aufenthaltsbewilligung mußte periodisch – wenn ich mich recht entsinne, alle sechs Monate – erneuert werden. Man war ja vor allem auf die Gunst der Wohngemeinde angewiesen, die das entscheidende Wort mitzureden hatte.

Wir zogen, um in der Nähe der Großmutter und der Stadt zu sein, in einen Zürcher Vorort. Ein Lehrer, den ich bis heute verehre, bot mir Unterstützung, ohne große Worte zu machen. Ich ging den gleichen Schulweg wie meine erste Schulfreundin, jeweils auf der anderen Straßenseite und in respektvollem Abstand. Sie schien meine Zuneigung nicht zu kennen. Manchmal warf das eine oder andere Kind einen Stein. Beschimpfungen als Judenkind kamen vor und waren nicht unerwartet. Dieser Ort hatte eine starke nationalsozialistische Anhängerschaft, eine Fünfte Kolonne. Man wußte, daß man stets beobachtet und der Fremdenpolizei ausgeliefert war. Das spürte auch das damals in den ersten Schuljahren stehende Kind. Eines Tages klingelten zwei Herren in Zivil an der Tür. Dem Kind war klar, daß das die Fremdenpolizei sein mußte. Nein, die Eltern waren nicht zu Hause. Auskünfte konnte es keine geben. Es wußte von gar nichts. Schließlich war es ein Kind und konnte sich in dieses Kind-Sein flüchten. Heute noch bin ich stolz über meine Gelassenheit in dieser kritischen Situation.

Vom Fenster aus sah man am Wochenende eine paramilitärische Jugendgruppe Übungen durchführen. Besser nicht hinschauen! In der Küche stritten sich Großmutter und Vater lautstark über rituelle Fragen, die ihr wichtig und ihm unnötig schienen. Einschlafen war nur möglich, wenn die Tür zum Wohnzimmer offen stand und man der Anwesenheit der Eltern ständig gewiß war. Waren sie beim Nachhausekommen von der Schule ausnahmsweise nicht da oder sonst unerwartet unauffindbar, bedeutete dies Panik. Der Onkel erzählte manchmal eine Geschichte von Rübezahl oder auch ein Schauermärchen von Kindern, die gekidnappt wurden. Ob das Gruseln des Märchens das Grauen der Realität bewältigen hilft?

Als Hitlers Einmarsch in die Schweiz drohte, wurde auch uns die Aufenthaltsbewilligung entzogen. Das hieß Aufbruch ins Ungewisse.

Meine Eltern wanderten mit ihrem einzigen Kind zu Fuß in Richtung
Alpen, ins Reduit. Erinnerung (noch aus der Anfangszeit der Emigration) an jene Brücke über die Schlucht und an die Worte der Mutter:
»Wenn Hitler kommt, springe ich da hinunter«. Ihre Biografie liegt
jetzt als Buch vor.

Mein Vater hatte ein Puppentheater und Holzpuppen verfertigt.
Wir spielten für die Dorfkinder. Mutter verfaßte die Texte, meist
Märchen oder biblische Themen. Ich half hinter der Bühne. Die Zuschauer gingen lautstark mit; es war großartig. Der gespielte Stoff
hatte oft einen Bezug zur politischen Lage, denn er enthielt fast immer die auch für uns entscheidenden Themen: Not, Armut, Kampf
mit dem Bösen, Hilfe, Rettung, Gerechtigkeit. Wohl jeder der kleinen Zuschauer konnte die Aktualität nachempfinden.

Infolge des Arbeitsverbotes war man auf Mildtätigkeit und Unterstützung angewiesen, die von der Flüchtlingshilfe und von einzelnen
großherzigen Freunden kam. In der »Kleiderkammer« gab es ge-
brauchte Kleider. Die Kniestrümpfe juckten, und alles Wollzeug roch
nach Mottenpulver. Ab und zu fand sich ein Bilderbuch oder der Teil
eines Baukastens. Mildtätigkeit war oft kränkend. Aber Solidarität
hieß, leben zu dürfen, körperlich und seelisch, in der Realität und in
der Imagination.

»Sire, geben Sie, was Sie uns nahmen, wieder ..., geben Sie Ge-
dankenfreiheit.« Die Wirkung der Worte auf der Bühne des Zürcher
Schauspielhauses, der geistigen Fluchtburg deutschsprachiger Kultur,
waren für das Schulkind ungeheuerlich. Die andere Rettungsinsel war
das Cabaret Cornichon. An den langen schmalen Tischen saßen nur
wenige Kinder meines Alters. Aber mit sieben oder acht Jahren versteht man alles, und Ungesagtes vielleicht besser als später. Jeder
wußte, daß im Saal auch Nazis saßen, Spitzel und Leute von der Zensur. Eine winzige Geste der Schauspieler, ein Augenzwinkern, ein
leichtes Anheben der Stimme, kleine mimische Kunstwerke, die
nicht durch die Zensur zu unterbinden waren, und jeder wußte, um
was es ging. Da konnte der Text noch so harmlos daherkommen.

Eine andere Insel der Humanität und ein Ort der Ermutigung war
für meine Eltern, und damit für mich, der Kreis um den Zürcher religiösen Sozialisten Leonhard Ragaz, dessen 50. Todestag in diesen Monat fällt.

Mehrmals wäre ich wegen Blinddarmentzündung beinahe operiert worden. Die Bauchkolik war jeweils alarmierend. Der für sein fachliches Können wie für seine humanitäre Haltung bekannte Kinderarzt Willi Dreifuß und mit ihm einige andere Ärzte verstanden aber soviel von Psychosomatik, daß die Operation immer unterblieb, auch ohne daß die Wissenschaft diesen Begriff überhaupt geprägt hatte. Eine Rechnung stellte er Emigranten grundsätzlich nicht.

Es folgte auf den Entzug der Aufenthaltsbewilligung im Kanton Zürich und die Irrfahrt durch die Schweiz ein Aufenthalt im liberalen Genf. Daß das Kind die Sprache nicht konnte, spielte keine Rolle dank einem Lehrer; er verstand es, alles mimisch und gestisch zu vermitteln. Von da an, ich war zehn Jahre alt, ist mir Französisch, in dem ich nur einen kleinen Wortschatz und schlechte Grammatikkenntnisse habe, vertraut und lieb, eine zweite Muttersprache. Die Möbel der Wohnung, deren ausgefallene Adresse – chemin de Krieg – mir unvergeßlich blieb, bestanden aus Kisten und Kistenbrettern, mit Papier verkleidet. Für das Kind war das romantisch und behaglich. In Genf erlebten wir den erlösenden »victory day«.

Nach Kriegende ging aber der Kampf meiner Eltern mit Behörden um die Aufenthaltsbewilligung vorerst weiter. Schließlich erhielten sie das Aufenthaltsrecht. Meine bald nach Kriegsende geborene Schwester starb an einem plötzlichen Kindstod mit drei Monaten. In der Pubertät erkrankte ich an einer sogenannten Epiphysenlösung des linken Schenkelhalses; es ist dies eine Erkrankung des Knochenwachstums, die zu einem Zusammenbruch der Tragfähigkeit des Beines führt und eine Verkürzung des Beines sowie eine mäßige Gehbehinderung zur Folge hatte. Die Ursachen dieser Erkrankung sind unklar, psychosomatische Zusammenhänge denkbar. Jedenfalls war meine Standfestigkeit vorübergehend zusammengebrochen. Einige Jahre nach dem Krieg starb meine Mutter an Gehirnblutungen; ohne daß dies naturwissenschaftlich beweisbar wäre, bin ich überzeugt, daß sie im Grunde genommen an einer Lebenserschöpfung starb, ein spätes Mordopfer der Verfolgung. Was mein eigenes Leben betrifft, so fand ich in meiner nicht ganz freiwilligen Wahlheimat vielfältige Entwicklungsmöglichkeiten; aber ich hatte auch deutliche und zum Teil verletzende Beschränkungen meiner beruflichen, vor allem wissenschaftlichen Tätigkeit in Kauf zu nehmen, deren Zusammenhang mit meiner Emigrationsbiografie hier nicht dargelegt oder diskutiert werden kann.[11]

Zur Interaktion zwischen Helfern und Opfern

Kommt schon die persönliche Erfahrung von Folter und Verfolgung in der Therapie seelischer Schwierigkeiten und Erkrankung oft allzu lange nicht zur Sprache, so unterbleibt die Berücksichtigung der Belastungen der in ihrer Kindheit betroffenen oder als Kinder von Opfern geborenen Menschen, der sogenannten zweiten Generation, erst recht. Dies kann eine Folge von sich gegenseitig beeinflußenden, das Verschweigen aufrechterhaltender Tendenzen bei therapeutischen Fachpersonen und ihren Klienten sein, das Ergebnis ihrer Interaktion. Diese Interaktion, die nicht bei einem von beiden, sondern zwischen ihnen entsteht, kann aber auch die Bearbeitung der Kindheitserfahrung in bestimmte Richtungen lenken, die nicht wirklich im Interesse der Klientinnen und Klienten liegen. Auf einige solche wechselseitigen Tendenzen möchte ich nachstehend hinweisen.

Der durchaus wichtige und berechtigte Respekt vor der Privatsphäre der Klienten, die grundsätzlich wichtige Haltung, sie nicht bedrängen, nicht in sie dringen zu wollen, kann dazu führen, daß die Verdrängung, Bagatellisierung und Tabuisierung des Erlebten in einer Therapie länger als zweckmäßig aufrechterhalten wird.

Andererseits kann eine zu starke Thematisierung der Traumatisierung dazu führen, daß die Betroffenen in eine Sonderstellung gedrängt werden, daß sie sich als Stellvertreter für eine ganze Gruppe von Opfern zu einem besonders schonungslosen Umgang mit sich selbst verpflichtet fühlen.

Die individuelle Arbeitsweise der meisten Psychotherapieschulen kann der Isolation der Betroffenen als Individuen Vorschub leisten, und die politische Dimension des erlittenen Unrechtes zu stark in den Hintergrund treten lassen.

Das soziale Engagement auf der Helfer- und Therapeutenseite kann mehr oder weniger unausgesprochen Betroffene verpflichten, sich aufgrund des Erlebten ihrerseits sozial zu engagieren, auch wenn dies ihre Kräfte übersteigt.

Gleichartige Erfahrungen bei Fachkräften und ihren Klienten sind zwar eine gute Basis gegenseitigen Verständnisses, können aber auch dazu führen, daß das Erlittene allzu selbstverständlich und banal erscheint.

Der ausgeprägte Wille zu helfen, kann zur Illusion führen, das Erlittene könnte gewissermaßen endgültig aufgearbeitet und damit in seiner Wirkung aufgehoben werden.

Therapeutinnen und Therapeuten gehören oft Hilfssystemen an oder arbeiten unter gesellschaftlichen Bedingungen, unter denen sie zwischen ihrem therapeutischen Anliegen und den Auffassungen ihrer Arbeitgeber, Kollegen etc. in einen Loyalitätskonflikt geraten. Nachkommen von Opfern aber stehen ihrerseits nicht selten in einem Loyalitätskonflikt zwischen dem, was sie ihren Eltern, ihrem Schicksal schuldig zu sein meinen, und was ihr jetziges Leben von ihnen verlangt. Die Loyalitätskonflikte auf beiden Seiten können sich gegenseitig die Arbeit erschweren.

Die meisten Therapien messen der Bewußtwerdung des Erlebten hohe Bedeutung zu. Ich teile diese Auffassung weitgehend. Aber sie kann auch dazu führen, daß die Erfahrungen mit dem Verstand zwar erarbeitet werden, aber im Gefühl, emotional, wenig von ihrem Schrecken verlieren, so daß eine nur scheinbare Bewältigung des Erlittenen zustande kommt, eine Rationalisierung, bei der die Auswirkungen der Traumatisierung weitergehen, obschon man sie kennt.

Die meisten Psychotherapien beruhen auf sprachlicher Kommunikation. Eine verletzende Erfahrung, eine eigene oder eine, von der ich mitbetroffen bin, kann mir zugehörig und doch fremd, wie ein Alptraum werden. Sprache gibt dem Ereignis Form, macht es zu einem Gegenüber. Wenn es uns gelingt, mit diesem Gegenüber, das zu mir gehört, in Beziehung zu treten und zu bleiben, eine Kontinuität herzustellen, zwischen dem was war und dem was ist, so stärkt dies das Gefühl, »ich selbst« zu sein. Zur Sprache gebrachte Geschichte stiftet Identität, und es kann dann aus dem Erlittenen Neues entstehen. Ich kann beispielsweise aufgrund der Narben, welche die Verletzungen, die angesprochen werden konnten, hinterlassen, meine Erlebnisse im Umgang mit anderen Menschen wirksam werden lassen, sei es im privaten Leben, beruflich oder politisch. Zur Sprache bringen, Mitteilen ist unverzichtbar und wesentlich auch bei Kindern, die sich oft besser symbolisch in Zeichnungen und Gestaltungsspielen ausdrücken können. Aber die Betonung der sprachlichen Dimension kann auch dazu führen, daß die leibliche Seite der Traumatisierung und die Arbeit an und mit dem eigenen Körper, wie sie durch ganzheitliche Körper- und Bewegungstherapien geleistet werden kann, zu kurz kommt.

Von Menschen anderen Menschen massenweise zugefügtes – und von vielen anderen Menschen geduldetes – schweres Unrecht wirft oft auch Fragen des religiösen Erlebens und des Glaubens auf und führte zur Auseinandersetzung mit einer transzendenten Dimension. Da fast alle Therapieverfahren vorwiegend rational, vernunftorientiert sind und die Religion nicht selten tabuisieren, kann auf dieser Ebene entweder ein oberflächlicher Skeptizismus der Opfer oder eine religiöse Verunsicherung aufrechterhalten werden oder im Laufe der Therapie entstehen.

Keines dieser – und noch manch andere – Interaktionsrisiken läßt sich vermeiden oder ausschließen. Vieles ist unter den Fachbegriffen Übertragung und Gegenübertragung auch in der Psychotherapie bekannt. Ich meine jedoch zum einen, daß diese »klassischen« Begriffe der Neurosentherapie nicht unbedenklich auf die Therapieprobleme zwischen Opfern konkret erlittener extremer Traumata, deren Nachkommen und Therapiepersonen angewandt werden sollten, und daß

Übersicht 2:
Wechselwirkungen von Tendenzen der Therapiepartner

Therapeutin / Therapeut		Klientin / Klient
Respekt vor Privatsphäre, »Nicht drängen«	<->	Verdrängung, Bagatellisierung, Tabuisierung
Betonte Thematisierung	<->	Stellvertreter, Sonderstellung
Individuelle Arbeitsweise	<->	Isolation, mangelhafte Politisierung
Soziales Engagement	<->	Soziales Verpflichtungsgefühl
Eigene Opfererfahrung	<->	Banalisierung
Helferwille	<->	Aufarbeitungsillusion
Systemloyalität	<->	Loyalitätskonflikt
Bewußtmachung	<->	Rationalisierung
Sprachorientierung	<->	Mangelnde Körperarbeit
Tabuisierung der »Religion«	<->	Skeptizismus, religiöse Verunsicherung.

es auch gar nicht darum geht, solche Schwierigkeiten a priori aus dem Weg zu räumen, sondern wahrzunehmen, zu reflektieren, anzusprechen und zu bearbeiten. Sie sind – oft keineswegs überflüssige – Begleiter der beiden Therapiepartner, Fachkraft und Klient, auf einem gemeinsamen Entwicklungsprozeß, die bei sachgerechter Arbeit Anstoß zu neuen Erfahrungen auf beiden Seiten sein können.

Was »Bearbeiten« der Lebenserfahrung als Opfer oder Nachkomme eines Opfers bedeuten kann, läßt sich im Rahmen dieser Ausführungen nur andeuten. Zunächst eines sicher nicht: das Geschehene kann nicht »verarbeitet«, abgelegt, irgendwie aufgelöst oder erledigt werden, wie dies mit unbewußten Konflikten in der Neurosentherapie wenigstens annäherungsweise möglich werden kann. Denn es handelt sich um seelische Narben, konkret erlittenen schwerster physischer und psychischer Verletzungen, die gegenwärtig sind und bestehen bleiben. Schon deswegen ist der für die epidemiologische Klassifikation (die niemals einem Individuum gerecht werden kann, aber, wissenschaftlich unsachgemäß, für die individuelle Diagnostik verwendet wird) geschaffene Fachbegriff eines »Posttraumatischen Syndromes« falsch; es gibt kein »post«. Was sich durch Therapie erarbeiten läßt, ist allenfalls die Klärung der Wahrnehmung und die Aufnahme des Wahrgenommenen in den Prozeß der eigenen Identität. Diese Identität verstehe ich nicht als einen Zustand, sondern als eine kontinuierliche Leistung der Psyche, die unterschiedliche Bereiche der Persönlichkeit mit und trotz der zwischen ihnen bestehenden Widersprüche und Spannungen zusammenfaßt, »integriert«, so daß ein stets labiles Gleichgewicht aufrechterhalten wird, mit möglichst wenig Abspaltungen und einseitigen Entgleisungen. Das dieser Auffassung entsprechende, in drei Jahrzehnten eigener Berufstätigkeit erarbeitete dialogische Identitätsmodell kann hier nicht näher ausgeführt werden, sei aber durch eine symbolisierende Abbildung wiedergegeben (Übersicht 3).[12, 13, 14, 15]

Das Peritotalitäre Syndrom

Die Verknüpfung meiner Lebensgeschichte mit meinen beruflichen Erfahrungen und mit den Berichten über die Beteiligung von Fachkräften unterschiedlicher Helferberufe (wie Medizin, Psychologie, Pädagogik) an Folter und Mord, deren Komplizenschaft (Müller-Hohagen) mit dem Unrecht, hat mich zur Überzeugung geführt, daß es in den Fachkreisen Tendenzen gibt, welche die Entstehung von totalitären politischen Systemen begünstigen, diese stützen und die selbst nach einem politischen, gesellschaftlichen Wechsel weitergehen können. Die Geschichte jenes fachlich bestens ausgebildeten, humanistisch geschulten Tübinger Kinder- und Jugendpsychiaters, der sich für genetische Probleme interessierte und zum wissenschaftlichen Gewährsmann für die Ausrottung der Fahrenden durch die Nazis wurde und nach Ende des Zweiten Weltkrieges weiterhin beruflich

Übersicht 3:

Identität als System dialogischer Dual-Entitäten

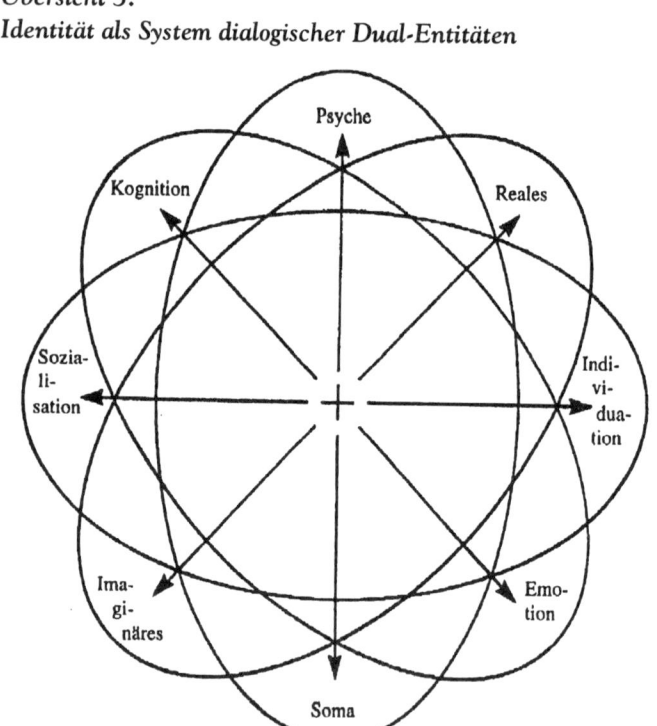

Die Anzahl der konstituierenden Ellipsen ist grundsätzlich unbestimmt. Die Pfeile veranschaulichen Widerspruch und Spannungszustand, das + in der Mitte die integrative Kraft, der kreisförmige »Innenraum« den Identitätsbegriff. Das Schema kann auch auf andere komplexe dialogische Begriffe angewendet werden.

tätig war, ist ein Beispiel von vielen; die Verzögerung der Veröffent-
lichung der meines Wissens ersten Dokumentation (von Alexander
Mitscherlich) über die Greueltaten von Medizinern während der
Nazizeit ein anderes. Subtile und vergleichsweise harmlose, aber doch
beeinträchtigende Erfahrungen habe ich selbst machen können.
Vieles ist mir aus Gesprächen mit Kolleginnen und Kollegen, insbesondere in Argentinien, bewußt geworden.

Übersicht 4:
Das peritotalitäre Syndrom (PiTS)

PiTS faßt Tendenzen zusammen, die in den Humanwissenschaften – aber
nicht nur dort – totalitären, faschistoiden Tendenzen Vorschub leisten.
Das Syndrom tritt bei Einzelpersonen und in Systemen auf, z.B. in Fach-
kollektiven. Die meisten einzelnen Sypmtome sind ubiquitär. Erst durch
das Zusammenkommen mehrerer Elemente entsteht das Syndrom.

- Beurteilung von Menschen ohne deren Mitsprache
- Vernachlässigung des Kontextes (von z.b. intrapsychischen, sozio-
  kulturellen, ökonomischen, politischen, religiösen Faktoren)
- Reduktionismus auf das Definierbare
- Zuordnung von Betroffenen zu definierten Begriffen
- Bagatellisierung individueller Variabilität
- Überbewertung manifesten Verhaltens gegenüber subjektiver
  Innenwelt
- Betonung von Funktionstüchtigkeit und Effizienz
- Ideologie einer illusionären »Objektivität«
  statt Reflexion immanenter Subjektivität
- Fehlende Relativierung des eigenen Blickwinkels
  und der eigenen Sozialisation
- Hervorhebung von Diagnostik, Epidemiologie und »Triage«
  gegenüber Therapie und Hilfsmaßnahmen
- Prognostische Fixierung von »Befunden«
- Imperativer Kommunikationsstil (vgl. Übersicht 5)
- Kohärente Gruppenbildung mit Ignorierung anderer fachlicher
  Zugänge und Standpunkte
- Verabsolutierung eigener Methodik (diagnostisch oder therapeutisch,
  z.B. quantifizierbare Befunde, »Schulmeinung«)
- Ausbau der eigenen Einfluß- und Machtposition (Zentralisierung)

Übersicht 5:
Imperative und integrative Kommunikation
(nach J. Anderegg 1985[16])

Imperativ	Integrativ
Umstände der Kommunikation	
Ausgeschlossen:	Einbezogen:
• Äußere Bedingungen	• Äußere Bedingungen
• Innere Bedingungen	• Innere Bedingungen
• Unbeteiligte Dritte	• Unbeteiligte Dritte
Frage und Antwort	
Der Vorgesetzte stellt die Fragen.	Die Gesprächspartner fragen und
Der Untergebene antwortet	antworten.
• wenn er gefragt wird	Der Vorgesetzte hört auf
• auf das, was er gefragt wird.	• das Ungefragte
Der Untergebene stellte Fragen	• das Ungesagte.
• wenn sie erlaubt sind	Der Mitarbeiter fragt aus
• wie sie erlaubt sind.	• eigener Initiative und
Der Vorgesetzte muß in erster Linie	• Verantwortung.
befehlen können.	Der Vorgesetzte muß in erster Linie
	zuhören können.
Kommunikationsbeziehungen	
Hierarchische Struktur.	Wechselnde Struktur.
Rolle festgelegt.	Rolle entwickelt sich im Gespräch.
Kommunikation bestätigt Hierarchie.	Kommunikation bestätigt Glaub-
Gehorsam	würdigkeit (Risiko!).
Der Untergebene interessiert als	Konsens
»Empfänger«	Der Mitarbeiter interessiert als selb-
	ständige Persönlichkeit
Gegenstand der Kommunikation	
Thematisch festgelegt.	Thematisch offen - aber nicht
Problemlösung gefunden	richtungslos
	Problemlösung gesucht
Sprache	
Eine Sprache	Viele Sprachen
Die Sprache bestimmt den	Der Gegenstand bestimmt die Sprache.
Gegenstand.	Entscheidendes wird oft nicht gesagt.
Das Entscheidende wird gesagt.	Auch das Nicht-Gesagte
Was nicht gesagt wird, ist nicht	muß verstanden werden
wichtig.	Die Sprache ist nicht ersetzbar
Die Sprache ist durch Zeichen	
ersetzbar	

Keine der unter dem Begriff »peritotalitäres Syndrom« (Übersicht 4) zusammengefaßten einzelnen Tendenzen scheint sich vermeiden zu lassen; vieles davon gehörte und gehört auch zu meiner eigenen Arbeit. Diese Allgegenwart der einzelnen Tendenzen macht sie besonders gefährlich, denn es läßt sie, je für sich genommen, als selbstverständlich, ja als »normal« und Bestandteil einer Ideologie des Normalismus erscheinen; wenn aber in einer konkreten historischen Konstellation diese Tendenzen zusammenkommen, wenn sie sich häufen und miteinander verknüpfen, werden Helfer zu Komplizen oder gar Tätern.

Die mir wichtigste Erfahrung, welche diese Ausführungen vermitteln soll, ist, daß ich es für unerläßlich und einen unabdingbaren Teil der beruflichen Aufgabe von therapeutischen Fachpersonen und Helfersystemen halte, peritotalitäre Tendenzen der eigenen Arbeit wahrzunehmen und zu begrenzen sowie in den Berufsgruppen zu benennen und ihnen möglichst wirksam zu begegnen.

Anmerkungen

[1] Müller-Hohagen, J. (1994). *Geschichte in uns.* Psychogramme aus dem Alltag. München: Knesebeck.

[2] Müller-Hohagen, J. (1996). *Stacheldraht und die heile Welt.* Historisch-psychologische Studien über Normalität und politischen Terror. Tübingen: edition diskord.

[3] Becker, D. (1992). *Ohne Hass keine Versöhnung.* Das Trauma der Verfolgten. Freiburg: Kore.

[4] Herzka, H.S., von Schumacher, A. & Tyrangiel, S. (1989). *Die Kinder der Verfolgten. Die Nachkommen der Naziopfer und Flüchtlingskinder heute.* Göttingen: Verlag für Medizinische Psychologie im Verlag Vandenhoeck & Ruprecht.

[5] UNICEF: Le Progrès des Nations, 1995, S. 33.

[6] Deutsches Kommitee für UNICEF, Informationsblatt 1995.

[7] UNICEF. Kinder im Krieg

[8] Herzka, H.S. (1984). Kindheit – wozu? Einige Folgerungen aus ihrer Geschichte. *Praxis Kinderpsychol, 33,* 3-8.

[9] Die hier wiedergegebenen Erinnerungen sind bereits früher veröffentlicht in: Herzka, H.S. (1994). Erfahrungsbericht. In J. Wiesse & E. Olbrich (Hrsg.): *Ein Ast bei Nacht kein Ast. Seelische Folgen der Menschenvernichtung für Kinder und Kindeskinder.* (116-128). Göttingen: Vandenhoeck & Ruprecht, sowie in: Herzka, H.S. (1982). *Zur Sache des Kindes.* (mit autobiographischen Hinweisen). Schaffhausen: Novalis.

Als Betroffener, der wiederholt gebeten wird, zur eigenen Geschichte
Stellung zu nehmen, habe ich einige einmal festgehaltene Erinnerungen
dazu bestimmt, diese Geschichte zu illustrieren; ich behalte dabei auch die
früher gewählten Formulierungen weitgehend bei. Daß Nachkommen be-
drohter Gemeinschaften Interesse erwecken, hat übrigens eine lange und
zwiespältige Tradition. Vgl. dazu auch R. Brändle (1995). *Wildfremd,
Hautnah.* Völkerschauen und Schauplätze Zürich 1880-1960, Bilder und
Geschichten. Zürich: Rotpunktverlag.

[10] Vgl. die von meiner Mitarbeiterin verfaßte Biografie meiner Mutter, die
sich zur Psychologin ausgebildet hatte und eine Zeit lang mit Alfred Adler
eng befreundet war. Das Buch entstand aufgrund von Tagebüchern, die
sie selbst zur Bearbeitung für die Öffentlichkeit vorgesehen hatte. In dem
Buch sind verschiedene ausdrucksstarke Briefstellen enthalten, welche die
Situation einer Emigrantenfamilie unmittelbar anschaulich machen:
Uehli Stauffer, B. (1995). *Mein Leben leben. Else Freistadt Herzka 1899-
1953.* Zwischen Leidenschaft, Psychologie und Exil. Wien: Passagen.

[11] Als Beispiel sei lediglich darauf hingewiesen, daß ich während meiner
ganzen Arbeitszeit als Universitätslehrer von nunmehr 20 Jahren und bei
drei Jahrzehnten vorwiegend leitender Tätigkeit im Gesundheitssystem
weder personell noch von den Finanzmitteln her die Möglichkeit erhielt,
eingehendere wissenschaftliche Forschung zu betreiben. Alle Kapazitäten
der wenigen Mitarbeiterinnen und Mitarbeiter waren durch die praktische
Tätigkeit und Unterrichtsarbeit ausgelastet, so daß Forschungsprojekte
und Publikationen weitgehend in der Freizeit und mit Hilfe von Studie-
renden und Absolventen, die unentgeltlich tätig waren, erarbeitet werden
mußten.

[12] Zur Anwendung der Dialogik in der Medizin und Psychologie vergleiche:
Herzka, H.S. (1984). Dialogische Medizin. In W. Goetschel et al.
(Hrsg.), *Wege des Widerspruchs. Festschrift für Prof.Dr. Hermann Levin
Goldschmidt zum 70. Geburtstag* (S. 103-118). Bern/Stuttgart: Haupt.

[13] Fischer, E.P., Herzka, H.S. & Reich, K.H. (Hrsg.).(1992). *Widersprüchliche
Wirklichkeit. Neues Denken in Wissenschaft und Alltag.* München: Piper.

[14] Herzka, H.S., Reukauf, W. (1996). Kinderpsychotherapie als dialogischer
Prozeß – ein der frühen Mutter-Kind-Entwicklung entsprechendes Konzept. In B. Metzmacher et al. (Hrsg.): *Therapeutische Zugänge zu den Erfah-
rungswelten des Kindes von heute.* Paderborn: Junfermann.

[15] Herzka, H.S. (1989). *Die neue Kindheit. Dialogische Entwicklung – autori-
tätskritische Erziehung.* Basel / Stuttgart: Schwabe. (Mit ausführlicher
Bibliografie).

[16] Anderegg, J. (1985). *Sprache und Verwandlung: zur literarischen Ästhetik.*
Göttingen: Vandenhoeck & Ruprecht

Maren und Marcelo Viñar

Folter – Attacke auf das Menschsein[1]

In der Wissenschaft werden neue Erkenntnisse häufig über den Weg der Quantifizierung erreicht. Doch es gibt Bereiche, die sich dem nicht unterwerfen lassen. So ist es mit dem Thema dieses Beitrags. Ohne ethischen Bezug läßt sich über Folter nicht sprechen. Denn mit jeder institutionalisierten Folter wird überhaupt die Zugehörigkeit zur Menschheit angegriffen. Deshalb zählt ein einziger Gefolterter soviel wie hundert oder tausend.

Von der Folter zu sprechen, ist eine äußerst ungemütliche Aufgabe, ist unerläßlich und zugleich unmöglich. Hier setzt das Denken aus, oder es verkrampft sich völlig.

Die Katastrophe erzeugt eine widersprüchliche Bewegung zwischen dem Wunsch hinzuschauen und dem Wunsch, diesen Anblick zu vermeiden.

Niemals befinden wir uns dabei in guter Distanz: Entweder sind wir zu stark hineingezogen, oder wir halten uns zu sehr entfernt. In aller Behutsamkeit haben wir darüber nachzudenken, nicht nur was wir mit diesem Thema machen, sondern ebenso, was es mit uns macht. Das gilt auch für uns als Wissenschaftler. Wie erträgt sich das Unerträgliche, und welche Auswirkungen hat diese Unerträglichkeit auf das Denken und das Verstehen? Das ist der entscheidende Punkt. Er bedeutet eine Paradoxie. Wir möchten über etwas Bescheid wissen, das man nicht wissen will und kann.

Und doch bleibt nichts anderes, als diese Spannungen auszuhalten.

Zwar stammen unsere direkten Erfahrungen nur aus einem bestimmten Teil der Welt, nämlich dem südlichen Südamerika, doch beanspruchen wir für die folgenden Analysen auch allgemeinere Geltung. Diese Länder kehren in einem schmerzlichen Prozeß zu Demokratie und Rechtsstaatlichkeit zurück, nach langen Jahren, in denen im Namen der sogenannten Doktrin der Nationalen Sicherheit willkürliche Haft, systematische Folter und Verschwindenlassen institutionalisiert waren. Der Ruf »Nunca más« (Nie wieder), wie er aus der Kirche und den Menschenrechtsgruppen gekommen ist, genügt aber noch nicht. Auch Unterstützung von wissenschaftlicher Seite wird benötigt. Wir müssen Genaueres über Umfang und Art der Folgeerscheinungen in Erfahrung bringen, müssen verstehen, was geschah und wie es geschah. Nur so, mit der Anstrengung von allen, können wir der weiter bestehenden Bedrohlichkeit dieses Übels besser begegnen.[2]

Ursprung und Art des Diskurses zu kennen, der die Barbarei rechtfertigt, hilft vielleicht, seine Logik, seinen Rechtsanspruch und seine Wirksamkeit zu entkräften.

Die Folter als Bezugsfigur sozialen Strafens

Die Folter und ihr Extrem, das gewaltsame Verschwindenlassen, bedeuten einerseits ein konkretes Vorgehen, doch zugleich auch ein Paradigma, eine Bezugsfigur, mittels deren die gewalttätige Macht sich eine Legitimation zu verschaffen und der Gesellschaft ihr Gesetz aufzuzwingen sucht.

Die Regierungssysteme, welche Folter, Verschwindenlassen und Genozid anwenden, machen dies ganz bewußt, nämlich als einen unverzichtbaren Schlüsselvorgang innerhalb der Strategie der Macht. Die ausgeklügelte Folter in all ihrer Scheußlichkeit ist eine feste Einrichtung des Staatsterrors im 20. Jahrhundert wie auch überhaupt eine routinemäßige Praktik von Zivilisation. Vielleicht stellt sie, wie Michel de Certeau meint, sogar eine der Bedingungen für deren Funktionieren dar und ist ein Produkt hoher Technologie, das in bestimmten historischen Situationen angewandt wird, die man kennen muß, um die Logik der Macht zu begreifen.

Wenn ein Staat die Folter institutionalisiert, ist nicht nur der Gefolterte das Opfer, sondern die ganze Gesellschaft.

Der Begriff der Folter braucht deshalb eine Neudefinition. Allein auf ihre Brutalität zu schauen, reicht nicht aus.[3]

Die physischen Aggressionen – Hunger, Durst und Schmerzen bis zum Martyrium – und die Verfeinerungen in den psychischen Aggressionen – Isolierung, sensorische Deprivation, widersprüchliche Botschaften, Demütigung, Einschüchterung – sind nur die technischen Mittel eines größeren Plans. Dieser richtet sich auf die Zerstörung des Opfers. Der entscheidende Kern ist dabei die zeitliche Unendlichkeit eines unbegrenzten Horrors.

Wir schlagen als Definition vor: Folter ist jedes absichtliche Vorgehen – was immer die verwendeten Methoden seien – das den Glauben und die Überzeugungen des Opfers zerstören und dieses seiner einzigartigen Identifikationsstruktur berauben soll, durch die es sich als Subjekt konstituiert.

Daniel Gil[4] beschreibt es so: »Die Folter ist eine abgestuft voranschreitende, wissenschaftlich geplante Demontage der komplexen primären Identifikation. Sie läßt den Gefolterten in Zustände extremster und nicht mehr in Worten faßbarer Ängste geraten und führt bis zur Zerstörung seines Ichs und seiner symbolischen Welt.« Dieser Prozeß muß nicht unbedingt den Tod zum Ergebnis haben, sondern das Opfer wird in einen Raum unendlicher Lähmung gestoßen, in dem es sich nur noch als kläglichen Überrest seiner selbst erlebt.

Und dieses Muster nun stellt einen symbolischen Bezugspunkt für alle Mitglieder der Gesellschaft dar. Jeder einzelne ist der Drohung ausgesetzt. Denn die Ausführenden der Folter handeln als Agenten einer gewalttätigen Macht, deren Absicht es ist, die Gesellschaft zu unterwerfen und zu lähmen.

Zu sagen, die Folter sei ein konkretes Vorgehen und zugleich ein Muster, eine Figur, ist keine rhetorische Spielerei. Das soziale Netzwerk wird von dieser monströsen Logik infiltriert. Es geht bei weitem nicht nur um das, was offiziell behauptet wird, nämlich Informationen zu erhalten. Das Martyrium auch nur einer Handvoll von Opfern zeichnet die ganze Gemeinschaft, erzeugt Einschüchterung und Verängstigung, zerschneidet die mitmenschliche Verbundenheit, die sozialen Bindungen.[5]

Die Sprache ist in Gefahr

Die Folter richtet sich auf gerade die Schnittlinie, die für den Menschen fundamental ist: die zwischen Körperlichkeit und Sprache. Unausdenklichen körperlichen Schmerz zur Zerstörung der sprachlichen Bezüge einzusetzen, dies ist das Paradigma des Horrors.

Die Folter in ihrer Grausamkeit erzeugt einen Zustand des Horrors, der sich im Seelenleben als ein sprachlich nicht mehr artikulierbarer Rest einschreibt. Die Erinnerung an die erlittene Folter ist nicht mehr möglich in Form des üblichen Erinnerns, sondern nur noch als Wiederholungszwang, als plötzliches Neuerleben des Horrors. Das führt zu

Identitätsverlust, zur Zerstörung der Persönlichkeit. Das Erfahrene ist undenkbar[6], unbeschreibbar, nicht wiederherstellbar für Symbolisierung und Vorstellung – und doch so real. Es bildet eine Grenzerfahrung menschlichen Lebens.

Die Folter bewirkt also eine grundlegende Veränderung im Stellenwert von Sprache[7] und dabei zentral in der Vorstellung vom anderen Menschen[8]: Verletzung des Körpers, Erniedrigung der Sprache.

Das »Saubere« und das »Schmutzige«

Michel de Certeau[9] schreibt: »Die Folter ist Teil eines ideologischen Vorgangs, der die soziale Pluralität ersetzt durch eine totalisierende Zweiteilung zwischen dem Sauberen (ethnisch, politisch, sozial) und allem, was davon unterschieden ist. Dieses wird ausgegrenzt. Eine Sprachregelung organisiert das weitere Vorgehen. Sie tötet den anderen, indem sie ihn entwertet. Sie beraubt ihn seines eigenen Namens, benennt ihn nur noch mit einem Schimpfwort, mit einem Etikett. Die Sprachregelungen nehmen die Polizeiaktionen vorweg und definieren sie zugleich, sie bestimmen, wer Lebensrecht hat (...) und definieren schließlich auch noch den sprachlichen Raum, innerhalb dessen der Angeklagte zu sprechen hat.«

Die totalitäre Sprache legt fest, was »schmutzig« ist (subversiv, kommunistisch, Ausländer ...) und trennt es radikal vom »Sauberen«, als das sich das System selber definiert und das es vom »Schmutzigen« rein zu halten gilt. Sie beschneidet den Körper und bestimmt genau, welche Stellen das Skalpell der Folter zu durchtrennen hat, was alles zu eliminieren ist, damit die Ordnung herrschen kann.

Diese unerbittliche Logik der Folter schreibt sich in Körper und Geist des Opfers ein und bestimmt sein weiteres Leben.

Körper und Sprache in der Folter

In ihrem außerordentlichen Buch »Der Körper im Schmerz« beschreibt Elaine Scarry die zwei Seiten der Folter, nämlich auf der körperlichen Ebene, Schmerzen zuzufügen, und auf der verbalen die Verhöre. Grundbestandteile der letzteren sind »die Frage« und »die Antwort«, beide üblicherweise von ihren Inhalten her verstanden, was hier aber gar nicht der eigentlichen Absicht entspricht. »Die Frage« wird täuschenderweise so präsentiert, als ginge es um »die Gründe«

der Inhaftierung. Dieser erste Irrtum verleiht dem Folterer einen gewissen Kredit, gibt seinem Handeln und seiner Grausamkeit einen vermeintlichen Sinn, rechtfertigt sie noch. »Die Antwort«, also das geforderte Geständnis, soll ebenso fehlverstanden werden, nämlich als »Verrat«. Und ist es dazu gekommen, so erlebt sich das Opfer erst recht als wertlos und gerät so über sein einmal gesprochenes Wort mehr noch als über den Schmerz in Zustände, wo es seine Identität und seine Welt zu verlieren beginnt.

Scarry zeigt, wie die beiden »falschen« Interpretationen wesentlich zusammenhängen. Eine ist die Absolution für den Schergen, die andere die Behaftung des Gefolterten mit der Verantwortlichkeit. In ihrem Zusammenwirken drehen sie die Wirklichkeit komplett um. Das ist die »Moral der Folter«.

Wenn man nur die körperliche Seite der Folter sieht, sind die Sympathieverteilung und die Frage der moralischen Verantwortlichkeit klar: gegen den Folterer. Jedoch sobald man die verbale Seite der Folter betrachtet, erscheint die Situation unter anderem Blickwinkel, bis hin, daß schließlich der Folterer sogar als glaubwürdig erscheinen mag.

Diese Bedeutungsumkehrung, dieses Zerschneiden eines »moralischen Grundreflexes«, zeigt, wie in der Folter die Beziehung zwischen Körper und Sprechen verläuft. Warum wird das Zufügen extremen Schmerzes in der Folter unausweichlich vom Verhör begleitet? Man kann sich kaum eine Situation vorstellen, in welcher der Abstand zwischen zwei menschlichen Wesen größer wäre. Die Erfahrung grenzenlosen Schmerzes ist ausschließlich auf seiten des Gefolterten, sie ist eine Erfahrung der totalen Vernichtungsdrohung. Der Folterer dagegen ist völlig frei davon, und – gerade indem er dem anderen beliebigen Schmerz zufügen kann – bleibt er extrem weit davon entfernt, sich in ihm wiederzuerkennen, sich mit ihm zu identifizieren.

Diese Realitäten, diese extremen Unterschiede auf der körperlichen Ebene, werden transformiert in den verbalen Bereich, führen zur Ausbildung eines neuen Verständnisses von der Welt, führen zu einer Neustrukturierung von Sprache – Sprache der Macht.

Die Fragen des Folterers mit seinem Beschuldigen, Anbrüllen, endlosen Wiederholen bestätigen gerade die Existenz der völlig stabilen Welt des Folterers, wie es ja bereits die Grausamkeit, über die er verfügt, gezeigt hat. Die Welt des Gefangenen dagegen ist winzig geworden, fragmentiert, und das beweist sich nur noch weiter in seinen gestammelten Antworten, die Zeugnis ablegen, wie desintegriert seine ganze Sprache ist und all das, woran er sich gebunden fühlte durch Loyalität, durch Liebe oder durch Einsicht. In dieser völlig vom Schmerz bestimmten Sicht bedeutet die Abwesenheit von Schmerz auf seiten des Folterers Anwesenheit in der Welt, die Anwesenheit des Schmerzes im Opfer dagegen Abwesenheit, Verlust der Welt und überhaupt seiner selbst. Die Welt des Folterers wächst in dem Maße, wie die des Gefolterten zusammenschrumpft. Dessen Schmerzen erhöhen die Macht der Gegenseite.

Während das Opfer keine Stimme mehr hat, verdoppelt sich die des Folterers und seines Regimes: Unterdrückung aller inneren Kraft, Allgegenwart des politischen Systems. Deshalb ist das Verhör von so entscheidender Bedeutung für das Regime.

Der in dieser Gewalt ausgeübte Machtmißbrauch, der durch keinerlei angebliche Notwendigkeit zu rechtfertigen ist, zeigt sich entscheidend in dem, was Piera Aulagnier[10] folgendermaßen beschrieben hat: »Die Gewalt in ihrer Reinform liegt in der Entfremdung des Denkens unter das Wollen und die Macht des Ausübenden. Jede psychische Gewalt zielt ab auf dasselbe Ziel: das Denken des anderen zu unterwerfen, gleichzeitig aber die Bewußtmachung dieser Situation zu verunmöglichen.«

Von daher ist das Konzept der Gewalt untrennbar von dem der Entfremdung.

Die Beschädigung des Subjekts

Seit Freud wissen wir, daß Angst nur bis zu einem bestimmten Grad bewußt erlebt werden kann. Überschreitet sie diese Grenze, kommt es zum Zusammenbruch des psychischen Apparats, und an die Stelle von Verarbeitung tritt die Herausbildung eines Loches, in dem allein sich noch das Undenkbare darstellt. Löcher dieser Art sind Grundlage für die Ausbildung schwerer pathologischer Zustände. Das zeigt sich in der klinischen Erfahrung ebenso wie in den Forschungen über die Auswirkungen des Holocaust und weiterer Völkermorde bis in die dritte Generation – traurige Beweise für die Macht geschichtlich bedingter Traumatisierungen. Ereignisse seelisch nicht mehr verarbeiten, sie nicht mehr vorstellen, nicht mehr symbolisieren zu können, erzeugt Potentiale seelischen Entgleisens.

Der Horror bringt Eindrücke mit sich, die sich nicht mehr in die seelische Kontinuität des eigenen Lebenslaufs einfügen lassen. Er bleibt in seiner Extremheit ausgeschlossen von der sonstigen Bearbeitung der persönlichen Geschichte, wie sie ständig im nachhinein, in der Nachträglichkeit erfolgt.[11] Die Folter wird nicht als Erinnerung hochgerufen, sondern sie manifestiert sich nur in Form von Wiederholungsvorgängen, von plötzlichem Wiederaufleben des Horrors in der Gegenwart: Zustände von Identitätsverlust, von Nicht-Existenz, eines Fallens in unermeßliche Löcher, in Katastrophenängste, in Auflösungsgefühle, »tiefster Schrecken angesichts eines extremen Bedrohtseins von Auslöschung«.[12]

Das ganze Denken, von seinem Antrieb über seine einzelnen Funktionen bis hin zur Zeitwahrnehmung, dies alles verbunden mit dem Selbstwertgefühl, mit der narzißtischen Dimension, verändert sich grundlegend unter extremen Bedrohungen. Die ganze Persönlichkeit ist erschüttert, die lebensnotwendigen Abwehr- und Anpassungsmechanismen brechen zusammen, richten sich nur noch auf das Überleben.

Zugleich wirkt sich die Zerstörung des sozialen Netzes nachhaltig auf das psychische Leben aus. Gemeinschaftliche Ziele und Vorhaben, in die viel an Liebe und Begeisterung investiert wurde, sind ausgelöscht, die Verbindung zwischen den Menschen in der Substanz erschüttert. Das führt zu Verzweiflung, läßt das Ich-Ideal zusammenbrechen, beeinträchtigt zutiefst die Fähigkeit zum Symbolisieren, zum In-Sprache-Bringen, zum Sich-Ausdrücken. Bei verschiedenen Analysanden ist zu beobachten, wie diese soziale Katastrophe einen massiven Prozeß der gewaltsam induzierten Internalisierung in Gang gesetzt hat, durch den die lebensgeschichtlich gewachsenen Introjekte teilweise ausgewechselt werden.[13]

Ausgehend von diesem traumatischen Kern, kommt es zu einer psychischen Neuorganisation, bei der sich die erlittene Gewalt, aber so, wie sie in die phantasmatische innere Welt aufgenommen wurde, und die persönliche Geschichte vermischen. Der Aggressor, inkorporiert als eine diffuse Ganzheit, breitet sich in das gesamte Seelenleben aus und taucht dann derart auf, als sei er originaler Bestandteil der inneren ödipalen und prädipalen Zusammenhänge.[14] Der Zusammenbruch der inneren und äußeren Bezüge – Ich-Ideal und soziale Verbindungen – weckt ungebundene Angst, und diese wiederum mobilisiert extreme Abwehrformen, insbesondere Spaltung und Verleugnung, was dann erst recht verhindert, diesen verinnerlichten Aggressor als in Wirklichkeit nicht zu sich selbst gehörig zu erkennen. Auch solche Menschen, die sich vorbereitet hatten, eventuell massiver Gewalt ausgesetzt zu sein, wurden dann von ihr überwältigt, so exzessiv war sie, so völlig kalt und rational durchgeführt, wie eine Maschine, jenseits des Vorstellbaren. Der Mensch wird extrem manipuliert, in ein bloßes Objekt verwandelt, in eine Sache.

Seelische Katastrophe. Soziale Katastrophe. Auswirkungen des Staatsterrors

Für den Menschen ist der Gedanke an das eigene Ausgelöschtsein noch eher zu ertragen als der an die Zerstörung von Idealen und dessen, was ihm heilig ist. Genau auf letzteres aber zielt die Folter. Die offizielle Sprachregelung, wonach das normale Leben der Bevölkerung nicht betroffen sei, verdeckt das genaue Gegenteil: Die Institutionalisierung der Folter infiltriert und vergiftet das Zusammenleben auf allen Ebenen, auch dort, wo man sich weit vom politischen Bereich entfernt meint. Gerade sogar die persönlichsten, die heiligen Verbindungen werden angegriffen: die zwischen Eltern und Kindern, zwischen Lehrern und Schülern, zwischen Partnern, die Übermittlung der Erinnerung zwischen den Generationen.

Dies beschreibt René Kaës[15] als »seelische Katastrophe«. Zu dieser komme es dadurch, daß die traumatischen Erfahrungen der Folter nicht mehr nach außen mitgeteilt werden können. Kaës unterstreicht, wie zentral angesichts von primitiven Ängsten die Umgebung ist, die »transsubjektive Verbindung«[16]. Wenn der überwältigte seelische Apparat hier keinen Schutz erfährt, nicht mehr gehalten ist, nicht unterstützt wird, können solche Ängste nicht ertragen und erst recht nicht bearbeitet werden. Dieser Zusammenbruch der zwischenmenschlichen Verbindungen »verstärkt die Ohnmacht und verschärft das Erleben von Desintegration und tödlicher Bedrohung.«[17]

In einer Gesellschaft, die unter der staatlichen Gewalt einer Diktatur steht, kommt es zu »einer Desintegration der metapsychischen Strukturen, die zugleich das psychische Leben wie auch die transsubjektive Verbindung aufrechterhalten.«[18]

»Wenn die metapsychischen Garantien zerstört sind, (...) wendet sich die dadurch freigesetzte Aggression gegen die Verbindungen in der Person selbst, gegen Bezugspersonen oder gegen einen Außenfeind. (...) Situationen einer sozialen Katastrophe erzeugen Brüche in der seelischen Arbeit des Zusammenfügens, des Vorstellens, des Artikulierens. Das Denken wird absorbiert durch die Schwierigkeit, uns die mit der Katastrophe gekoppelte Gewalt darzustellen. Während Naturkatastrophen, wie Freud betont hat, zu einer Solidarisierung innerhalb des Sozialkörpers führen, lösen die gesellschaftlichen Katastrophen diesen auf und zertrennen ihn.«[19]

Im Falle der uruguayischen Diktatur ging das Terrorregime, wie Gil[20] beschrieben hat, mit einem »System von Ausschließen und Einschließen« vor. Dieses richtete sich nach innen und nach außen: „Gegenüber dem Gefangenen durch die Härte der Strafen, die Willkür und die Folter, wie sie das Leben in der Haft bestimmten. Nach außen (wo man sich in überwachter »Freiheit« befand) durch die Pädagogik der Angst und durch den Terror, mittels dessen man zur Herrschaftssicherung das Volk in Gleichgültigkeit und Isoliertheit zu bringen suchte, zu Sichtweisen wie: »Misch dich nicht ein«, »man hat sich um das Eigene zu kümmern«, »wenn man sie geschnappt hat, wird es schon Gründe haben«, »hier ist alles in bester Ordnung«."

Wenn wir darin verharren, an ein Universum von Betroffenen und ein solches von Nichtbetroffenen zu glauben, dann sind wir gefangen in einem unlösbaren Widerspruch. Denn diese Aufteilung enthält zwei Gefahren. Die erste besteht darin, die Opfer auszugrenzen und ihnen die dringend notwendige soziale Unterstützung vorzuenthalten: Der Gefolterte, ebenso wie der Verrückte, sollen die soziale Harmonie nicht in Frage stellen. Wie Michel Foucault unterstreicht, ist die Kategorie des Fremden nicht ein Bestandteil der Krankheit, sondern eine soziale Konstruktion, ein Ausschlußvorgang von seiten der »Gutdenkenden« im Namen des »Guten Souveräns«. Die andere Gefahr liegt darin, die Folter als ein Randproblem erscheinen zu lassen und damit den zentralen symbolischen und realen Ort zu verleugnen, den sie in der Gesellschaft einnimmt.

Dieses Aufteilen in Betroffene und Nichtbetroffene kann zur Schaffung von eingeschränkten, nämlich medikalisierten Rehabilitationseinrichtungen für die Opfer führen. Dann aber bleiben wir aktive Komplizen eines Systems, das die Folter ermächtigt.

Das Erscheinen der Freunde[21]

Pepes Jugend und Adoleszenz fielen in die Zeit, als in Uruguay die liberalen Werte verlorengingen und nach und nach eine blutige Militärdiktatur errichtet wurde. In einem dermaßen von Spannungen geschüttelten Land war es in erster Linie die Politik, welche das Schicksal der jungen Leute bestimmte.

Pepe war Kopf einer politischen Zelle an der Universität. Seinen Aufgaben als Aktivist kam er sehr engagiert nach. Nachts klebte er Plakate und verteilte illegale Flugblätter, auf denen sie die Grausamkeiten des Regimes publik machten und zum Kampf aufriefen. Er plante die Unternehmungen seiner Kameraden und kümmerte sich darum, weitere Leute zu gewinnen.

Zweimal wurde er bei Razzien verhaftet, mit denen das Regime die Aktivisten einschüchtern wollte. Mehrere Wochen übler Behandlung und massiver Drohungen erreichten es nicht, daß Pepe von seinem Kampf abgelassen hätte. Er kehrte in seinen Alltag als Student und Aktivist zurück.

Beim dritten Mal war sein Schicksal ungleich härter, denn jetzt galt er für die Folterbürokratie als »starrköpfig«, als »unverbesserlich«.

Der Durst, der Hunger, der »Plantón«, das heißt die langdauernde Stehfolter mit Kapuze über dem Kopf und gefesselten Händen, sie bilden das erste Kapitel des Martyriums. Eine subjektiv endlose Zeit – zwischen acht und zwanzig Tagen – ist dies, nur mit der Abwechslung zwischen Horror und Zerstörtsein. Eine Einsamkeit, die ewig wirkt und die nur eine Unterbrechung erfährt, wenn er vor Erschöpfung umgefallen ist und der »Gute« aus der Foltertruppe ihm ein Glas Wasser oder einen Napf Suppe bringt und ihm dabei sagt, er solle doch besser den Forderungen der Folterer nachkommen. Illusion, nicht allein zu sein, Fata Morgana, eine Ruhepause zu haben, wenige Sekunden später mit einigen Fußtritten wieder zerstört.

Ab einem bestimmten Moment – nach zwei Wochen vielleicht – entwickelt Pepe eine völlig neue, bizarre Beziehung zu seinem Körper. Er bekommt das Gefühl, dieser gehöre ihm nicht mehr. Jedesmal, wenn er ihn wieder in Besitz nehmen möchte, werden die Schmerzen unerträglich. Es bleibt ihm also nur die Wahl, sich von seinem Körper loszusagen – eine Entfremdung, die ihn zutiefst erschreckt – oder seine gesamte Aufmerksamkeit minutiös auf die einzelnen Stellungen zu richten, die noch weniger unaushaltbar sind, und auf deren jeweils maximal mögliche Zeitdauer. Für Pepe ist diese zwanghafte Beschäftigung überlebensnotwendig. Die willentliche Kontrolle seiner Muskeln, der Blase und des Darms wird für ihn zur wichtigsten Aufgabe. So viel an Energie dafür aufzubringen, kann nur bei oberflächlicher Betrachtung als dumm erscheinen. Vielmehr geht es darum, eine Zeiteinteilung in diese Endlosigkeit zu bringen und nicht verrückt zu werden.

Außerdem weiß er, daß er vor Erschöpfung umfallen kann. Und dann wird der Wärter seine Wut an ihm auslassen, wird ihn über lange Stunden hinstellen, die Arme waagrecht halten lassen, mit einer Folterbank zwischen den Beinen, die sich ihm in den Damm eingräbt und ihm unsägliche Qualen bereitet. Wenn er sich mit einem verzweifelten Schrei fallenläßt, wird er mit Stöcken geschlagen, oder es werden Hunde auf ihn gehetzt. Man wird ihn zwingen, unter dem Gelächter der Schergen zu rufen: »Ich bin ein Bolschewistenhund, ich bin ein dreckiger Kommunist.«

Sein Denken nimmt manchmal eigentümliche Wege. In seiner Panik und Benommenheit stellt er immer wieder fest, daß er schon gar nicht mehr Herr seines Denkens ist. Mehr als einmal führt ihn sein verwirrtes Denken zu seinem Kneipenwirt.

»Was für einen Durst ich heute wieder habe, Manuel!« Und dieser, wie so oft, schwatzt mit jedem seiner Stammgäste, macht sich über welche lustig, anstatt das ersehnte Bier zu bringen. »Laß deine Witzeleien, bedien mich endlich, Idiot!«

Die Stimmen, mit denen er in seiner Verwirrung spricht, sind nicht nur Halluzinationen. Die Wächter vergnügen sich damit, ihm Antworten zuzuwerfen, und erhöhen damit noch seine Tantalusqualen.

Pepe schreckt auf und merkt, daß er nach seinen Angehörigen weint. Einmal machen sie es dann noch schlimmer.

»Deine Alte hat angerufen. Sie sagt, du sollst zurückkommen. Sie erwartet dich zu Hause. Sie hat ein schönes, kaltes Bier. Und heute abend gibt's ein kleines Asado.«

Pepe beginnt, die letzte Kontrolle zu verlieren.

»Gib mir die Telefonnummer von deiner Alten. Dann können wir ihr sagen, daß du kommst.«

Und er sagt:

»Einundvierzig ...«

Was ist es, das ihn innehalten läßt? Welche »Vernunft« warnt ihn, daß er die Nummer nicht sagen darf, daß er sonst seine Mutter in Gefahr bringen kann? Wieso kommt er in diesem Moment zur Besinnung? Und zugleich kann er feststellen, daß seine Folterer sich totlachen.

Der Offizier, voll Hochmut, herrscht ihn kategorisch und schneidend an:

»Du bist verloren. Wir wissen, wer du bist und daß du den Harten machst.« Und nachdem er ihm haarklein alle seine Aktivitäten aufgezählt hat, beendet er das Verhör: »Für die Harten haben wir eine besondere Behandlung. Du kannst wählen: Entweder du unterschreibst, oder wir machen dir das. Aber ich schwöre dir, du wirst am Ende nur noch sagen, daß du eine Scheiße bist.«

Pepe weiß nicht, wie lange die Verhöre dauern, und auch nicht, was noch schlimmer ist, wie lange er auf das nächste zu warten hat. Er erinnert sich später an die Elektroschocks, an das »U-Boot«, das anhaltende Untergetauchtwerden in Fäkalienwasser bis jeweils kurz vor dem Ertrinken, und er erinnert sich an den Tag, als sie ihm den Anus öffneten, um ihm einige von den Flugblättern hineinzudrücken, die er verteilt hatte. Seine Erinnerungen sind durcheinander.

»Das alles ist eine Geschichte von Verrückten. Ich weiß nicht, wie lange es dauerte, und nicht, wie oft sie es mit mir gemacht haben, und auch nicht, was ich gemacht habe, wenn sie es machten. Denn wenn sie dich zerstören, denkst du nicht mehr, du hast nur noch Angst. Der Schrecken ist alles. Woran ich mich gut erinnern kann, ja, das ist, wie meine Freunde erschienen sind. Es waren alle aus meinem Semester und darunter einige aus meiner politischen Gruppe.

Sie kamen, um mich zu sehen. Einer nach dem anderen. Sie sahen aus, als wollten sie auf ein Fest gehen. Ich sagte zu ihnen: „Seid ihr verrückt? Was zum Teufel wollt ihr hier?"

Und dann sagte mein Freund, der Pato, zu mir: „Spinnst du, oder was ist los? Was für eine Frage! Weißt du denn nicht, daß es ein Examen im Gefoltertwerden gibt? Deshalb sind wir doch hier. Es ist kein

Kinderspiel, aber man schafft es. Man muß den ersten Ansturm aushalten und widerstehen. Danach geht es dann schon."
„Also, Pato, alle müssen das durchmachen?"
Und der Pato sagte mir wörtlich: „Na klar, alle müssen das durchmachen. Die ganze Welt. Und du wirst nicht weich werden, Pepe. Du mußt durchhalten!"«
Mit Hilfe dieser halluzinatorischen Erscheinung seiner Gefährten und seines Freundes kann Pepe sich einen inneren Raum schaffen, wie in einem Spiel oder einem Traum, einen Raum, in dem all der erlittene Terror einen Sinn erhält, den Sinn eines Kampfes, und das macht ihn unbesiegbar selbst noch für die ausgeklügelte Technik seiner Folterer. Pepe befolgt den Rat des Pato. Jetzt kann er alles aushalten, und koste es das Leben. Denn dieses Examen muß abgelegt werden.
Ein paar Monate später wird er entlassen, ohne Gerichtsverfahren. Seine Mutter umarmt ihn. Sie hat das Bier kaltgestellt, und es gibt ein Asado. Alles Erlittene in der Folter kann nicht verhindern, daß ein breites Lächeln über sein Gesicht geht.
»Was für ein Glück, daß ich Ihnen das erzählen kann, wo Sie doch Arzt sind. Ich bin halbblöd herausgekommen, und als man mir sagte, daß der Pato niemals in dem Gefängnis war, hab ich angefangen, gar nichts mehr zu verstehen. Und weil ich meine Alten nicht damit belasten will, was sie mit mir gemacht haben, kommt es mir so vor, als würden sich in mir alle Drähte verwirren.«

Die Verantwortung

Das Unbenennbare des Horrors auszudrücken, ist unsere erste Verantwortung. Das Schweigen ist Komplize des Terrors. Das Wort, auch im größten Streit, bewirkt Klärung. Doch gerade hier ist Wahrheit nicht einfach. Sich mit diesen Themen zu befassen, löst auf der individuellen und auf der kollektiven Ebene starke Widerstände aus, Ekel, Abwehr und Furcht.
Das Schweigen und das Vergessen, die Gleichgültigkeit und die Straffreiheit stellen das tragische und düstere Geheimnis der Folterstätten immer wieder neu her und begünstigen die ständige Wiederkehr dieses verbreiteten Übels.

Dem sich entgegenzustellen, ist möglich – mit welchen Schwierigkeiten und Fehlschlägen auch immer. Die Erfahrungen in Uruguay in
der Zeit seit der Militärdiktatur belegen dies.

So erhielt die Justiz nach dem Beginn der demokratischen Über-
gangsregierung im März 1985 innerhalb eines Monats Hunderte von
Anzeigen wegen Menschenrechtsverletzungen während der vergange-
nen Jahre. Unter dem Druck der Militärs und angesichts der politischen Abmachungen für den Übergang stimmte das Parlament als
Weihnachtsgeschenk 1986 für ein Gesetz über Straffreiheit. Es erhielt
den Namen: »Gesetz über das Wegfallen der staatlichen Strafabsicht«.

Eine Bürgerbewegung, initiiert von den Witwen bestimmter expo-
nierter Männer, die man hatte verschwinden lassen, kämpfte für ein
Referendum zur Rücknahme dieses Gesetzes. Ein Jahr lang sammelten
sie mit einfachsten Mitteln, von Tür zu Tür, die notwendigen Unter-
schriften, damit das Gesetz auf der Grundlage einer öffentlichen Diskussion verändert werden könnte. Sie hatten politisch keinen Erfolg,
denn das Straffreiheitsgesetz wurde mit 54 gegen 46 Prozent der Bevölkerung bestätigt. Jedoch bis dahin hatte die Generation unserer
Kinder nur im stillen den Horror wahrgenommen, der als ein bloßes
Wispern und wortloses Leiden umgegangen war. Seit dem Referendum und der sie begleitenden öffentlichen Debatte kann niemand in
Uruguay, eingeschlossen die Befürworter von Begnadigung und Straffreiheit, die grausame Wirklichkeit der Folter leugnen. Für das histo-
rische Erinnern ist dies fundamental: Es kam auf der Ebene des sozialen Diskurses zu einer symbolischen Wiederherstellung, beginnend,
wie es unerläßlich ist, mit der Anerkennung der historischen Tat-
sachen und der angerichteten Schäden. Dies eröffnet einen Raum, innerhalb dessen das Leiden und die individuellen und kollektiven Verletzungen in der sozialen Erinnerung festgehalten werden können.
Das ist Voraussetzung, damit das Netz der Verbindungen zwischen
den Menschen wieder wachsen kann.

Anmerkungen

[1]   Vortrag auf der Tagung »Violencias y traumatismos historicos«, Monte-
      video, 1994, übersetzt und in Absprache mit den Autoren bearbeitet von
      Jürgen Müller-Hohagen
[2]   siehe André Jacques

[3] Wir halten es für sinnvoll, über die Definition der Vereinten Nationen hinauszugehen, nämlich indem wir versuchen, die unterschiedlichen Facetten dieser Leidenserfahrung noch genauer zu verstehen.

[4] siehe Daniel Gil

[5] siehe Maren und Marcelo Viñar

[6] siehe Janine Puget: Etat de menace et psychanalyse (in J. Puget, R. Kaës u.a., S. 1 - 40)

[7] siehe Mango E. Gómez

[8] siehe P. Vidal-Naquet: Lettre (in Michel de Certeau)

[9] siehe Michel de Certeau: Corps torturés, paroles capturées (in Michel de Certeau)

[10] siehe Piera Aulagnier, S. 260

[11] siehe L. Bleger und M. Ulriksen de Viñar

[12] Daniel Gil, op. cit., S. 21

[13] siehe Maren Ulriksen de Viñar: La transmission de l'horreur (in J. Pujet und R. Kaës, S. 122 - 150)

[14] siehe Maren Ulriksen de Viñar (1985)

[15] René Kaës: Ruptures catastrophiques et travail de la mémoire (in J. Puget, R. Kaës u.a.)

[16] René Kaës, op. cit. Diese Gedanken treffen sich mit José Blegers Einführung eines sozialen Meta-Ichs, das den seelischen Apparat aufrechterhalten hilft. Sein Abbau im Gefolge sozialer Gewalt liegt vielen Zuständen offener oder verdeckter Panik zugrunde.

[17] René Kaës, op. cit, S. 176

[18] René Kaës, op. cit, S. 179

[19] René Kaës, op. cit, S. 179f

[20] Daniel Gil, op. cit, S. 76

[21] aus Maren und Marcelo Viñar, S. 47 - 49

Literatur

Aulagnier, Piera (1988): *Le psychanalyste sous la terreur.* Matrice. Vigneux

Bleger, L.; M. Ulriksen de Viñar (1989): *Souffrance de l'horreur.*
In: La folie raisonée. Nouvelle Encyclopédie Diderot. P.U.F. Paris

de Certeau, Michel (1987): Edition du Centre Pompidou. Paris

Gil, Daniel (1990): *El terror y la tortura.* EPPAL. Montevideo

Gómez, Mango E. (1986): *El secreto y la tortura. Temas de Psicoanálisis.* APU. Montevideo

Gómez, Mango E.: *La parole menacée.* Revue francaise de psychanalyse, LI, 3, S. 899 - 914

Jacques, André (1994): *L'interdit ou la torture en procès. 20ème anniversaire de L'ACAT.* Les editions du CERF. Paris

Kaës, René (1989): *Ruptures catastrophiques et travail de la mémoire.*
In: Puget u. Kaës

Puget, Janine und René Kaës (1989): *Violence d'Etat et psychanalyse*. Edition Dunod. Paris

Scarry, Elaine (1992): *Der Körper im Schmerz. Die Chiffren der Verletzlichkeit und die Erfindung der Kultur*. S. Fischer. Frankfurt

Ulriksen de Viñar, Maren (1985): *L'accueil du traumatique*. Psychanalystes, 14, S. 27 - 31

Viñar, Maren und Marcelo (1993): *Fracturas de Memoria*. Ediciones Trilce. Montevideo

Waltraut Wirtgen

Überlebende von Folter
in der Asylgesetzgebung 1996

REFUGIO München als Brücke zwischen menschlichem
Einzelschicksal und politischer Realität

Unter dem Motto MEDIZIN UND GEWISSEN fand vom 25. bis 27. Oktober 1996 in Nürnberg ein Kongreß der IPPNW (Internationale Ärzte für die Verhütung des Atomkrieges, Ärzte in sozialer Verantwortung) statt. Anlaß war das Gedenken an den 50 Jahre zuvor stattgefundenen Nürnberger Ärzteprozeß, der sich mit den unsagbaren, im Nationalsozialismus begangenen Verbrechen von Menschen an Menschen – darunter eine erschreckende Zahl von Ärzten als Täter wie als Opfer – befaßt hatte.

Daß es nicht nur um vergangene Schrecken oder solche aus »fernen« Ländern geht, die uns »nichts angehen«, bleibt allzuwenig beachtet und bleibt ausgespart aus dem täglichen Leben vieler unserer Mitbürger.

In der Arbeit der internationalen und nationalen Behandlungszentren für Folteropfer gehören unzählige Schicksale von Überlebenden von Folter und schwerer Traumatisierung zum täglichen Alltag. Diese Menschen suchen als Flüchtlinge Schutz in Europa und erhalten diesen in den überwiegenden Fällen nicht, sondern erleben eine lange Zeit weiterer Traumatisierung während der Zeit im Exil und den Asylverfahren.

Abwehr und Verdrängung sind häufig anzutreffende Abwehrmechanismen und ebenso der Wunsch, es solle genug sein mit all den schrecklichen Dingen, die uns tagtäglich durch die Medien erreichen. In allen Ländern kennen wir den Begriff der Verdrängung; im Spanischen heißt dies »represión«, in Chile und lateinamerikanischen Ländern »negación«, was eher der Verleugnung im Deutschen entspricht.

An dieser Stelle soll David Becker[1] zu Wort kommen, wenn er sagt:

„… wenn wir wirklich die Dynamik der Angst und Diktatur brechen wollen, müssen wir die »Strategie des Schweigens« beenden und die Ethik des Konflikts verteidigen …"

Ich meine, daß dies auch für uns in Deutschland heute zutreffen sollte, wenn wir täglich mit Auswirkungen von Gewalt, Terror und Repression konfrontiert sind.

Fast unmöglich ist es, wie mir scheint, erlittenen Schmerz, subjektive Gefühle und Empfindungen, ausgelöst durch Haß, Gewalt und Erniedrigung, in Sprache umzusetzen. Noch schwerer ist es jedoch für die Umgebung, dieses Erlittene zu begreifen. Darüber hinaus soll es gelingen, »objektive« Bewertungen dieses erlittenen Leids zu treffen und diese in Handlungen umzusetzen.

Dies erfolgt üblicherweise:

• durch das Beschreiben der Gefühle und Beschwerden der Überlebenden von schwerem Trauma,
• durch Einordnen der Symptome in psychiatrische Krankheitskategorien, (z.B. als Symptomatik des PTSD in DSM IV und ICD 10),
• durch medizinische und psychologische Begutachtungen,
• in der Asylgesetzgebung heute und ebenso
• in ausländerrechtlichen Handlungsanweisungen.

Ohne Zweifel ist es auf diese Weise oft nicht möglich, Menschen in ihrem ganz eigenen Verfolgungsschicksal und ihrem kulturellen Hintergrund hier im Exilland adäquat zu begegnen, geschweige denn, ihnen den Schutz und die Hilfe zukommen zu lassen, die für sie lebensnotwendig sind. Es besteht eher die Gefahr, Überlebende von Folter zu psychiatrisieren oder deren Schicksal zu verharmlosen und sie entsprechend der restriktiven Asylgesetzgebung einer langdauernden weiteren Traumatisierung auszusetzen.

Im allgemeinen wird den uns bekannten existentiellen und kulturellen Bedürfnissen und Notwendigkeiten, wie z.B. dem Gefühl der Sicherheit, der sozialen Unterstützung und einer adäquaten medizinischen und psychologischen Behandlung kein Raum gegeben.

Gemeinsamkeiten im Wechsel der Zeiten

Aus Veröffentlichungen und Untersuchungen von Überlebenden des Holocaust, des Terrors in Lateinamerika, nach Haft in DDR-Gefängnissen und anderen entsprechenden Situationen kennen wir Gemeinsamkeiten in deren subjektivem Erleben.

So beschreibt Victor Klemperer in seinen Tagebüchern[2] seine Ängste und seine Verzweiflung im Zusammenhang mit seiner Verfolgung und Verhaftung.

Ich halte solche Ängste in ihrer subjektiven Bedeutung für vergleichbar mit denen von Folterüberlebenden von Terror, von staatlicher und politischer Bedrohung und in bestimmten Situationen auch in Deutschland heute, wie z.b. mit Unsicherheit vor Abschiebung nach Ablehnung des Asylgesuchs und besonders in Abschiebehaft.

Abgelehnt zu sein und abgeschoben zu werden heißt:
- Todesangst und das Gefühl der Gefahr der erneuten Verfolgung, Haft und Folter[3].
- Gemeinsam ist ihnen als Extremtraumatisierten Sprachlosigkeit[4], intensive Furcht, Hilflosigkeit, Entsetzen und Todesangst.

Flüchtlinge als Asylsuchende heute

Niemals zuvor gab es so viele Flüchtlinge auf unserer Erde wie gegenwärtig. Zu Recht wird unser Jahrhundert als das Jahrhundert der Flüchtlinge bezeichnet. Dabei verbergen sich hinter dem Begriff »Flüchtling« vielfältige Schicksale von Menschen, die sich aus den unterschiedlichsten Gründen gezwungen fühlen, ihre Heimat zu verlassen.

Von allen Menschen, die weltweit auf der Flucht sind, gelangen nur ca. 0,8 % nach Europa.

Heute hat die Brutalität einen in der Geschichte der Menschen beispiellosen Grad erreicht, und die in höchstem Maße entwickelten Folter-Techniken bestehen überwiegend in psychischer Folter, die keine körperlichen Spuren hinterlassen sollen. Sie bezwecken die systematische Zermürbung, Entwertung, Ausgrenzung, Brechen des Selbst, Herrschaft über die Körperfunktionen und Erniedrigung mit anschließender Vernichtung des Opfers.

Die Vereinten Nationen verstehen unter Folter jede Handlung,
„durch die einer Person von einem Träger staatlicher Gewalt oder auf dessen Veranlassung hin vorsätzlich starke körperliche oder gei-

stig-seelische Schmerzen oder Leiden zugefügt werden, um von ihr
oder einem Dritten eine Aussage oder ein Geständnis zu erzwingen,
sie für eine tatsächlich oder mutmaßlich von ihr begangene Tat zu be-
strafen oder sie und andere Personen einzuschüchtern."
(Erklärung der Generalversammlung, 1975)

Bei Folter wird insbesondere versucht, die affektiven Bindungen, die
Überzeugungen, die Loyalitäten und die Persönlichkeit des Gefolterten zu brechen. So überwiegen primär die seelischen Schädigungen,
aus denen später auch psychosomatische Krankheitsbilder entstehen,
die teilweise therapeutisch kaum zu beeinflussen sind. Das Grundver-
trauen des Opfers in seine eigene Persönlichkeit, in seine Handlungs-
und Entscheidungskompetenz sowie in seine vertraute Umwelt werden zerrüttet und langfristig zerstört ebenso wie alle seine Beziehungen.

Die häufigsten Symptome einer Extremtraumatisierung, die Gefolterte heutzutage zur Behandlung führen, sind:

• Depressionen, Angst, Schlaflosigkeit, Alpträume, Verminderung
  der intellektuellen Leistungsfähigkeit, Gefühlsabspaltungen, allgemeine Antriebsminderung, Gedächtnisstörungen, Interesse- und
  Gefühllosigkeit, Sexualstörungen.

Psychiatrie und Trauma

Erst in den letzten Jahren wurden Versuche unternommen, diese
Symptome in psychiatrische Krankheitsbilder einzuordnen, was einerseits deren Bedeutung Rechnung trägt, andererseits das Einzelschicksal in seiner Vielschichtigkeit nicht zu erfassen vermag.

Die posttraumatische Belastungsstörung (PTSD) wird diagnostiziert
nach DSM IV (American Psychiatric Association), entsprechend
ICD 10. Die PTSD umfaßt die hauptsächlichste Syndromatik

• des ständigen Wiedererlebens der traumatischen Erlebnisse mit den
  entsprechenden gefühlsmäßigen und physiologischen Reaktionen
  (flash-backs, Intrusionen, Bilder),
• der anhaltenden Vermeidung von Stimuli, die mit dem Trauma in
  Verbindung stehen und
• der anhaltenden Symptome eines erhöhten Erregungsniveaus mit
  dem Gefühl, ständig in »Alarmzustand« zu sein.

Folter und Traumatisierung bedeuten ein Paradox.

Einerseits bedeuten sie den Zusammenbruch aller Strukturen und damit die Erfahrung von Todesangst und Todesnähe. Daneben gibt es ein Überleben, es gibt ein *danach*. Dies heißt, obwohl sie zu sterben drohen, sich als »tot« erleben, leben sie weiter.

Und dies ist oft die eigentliche Katastrophe. Aus zahlreichen Berichten wissen wir, daß das Schlimmste an der Folter ist, daß der Folterer nicht dazu bereit war, durch Tötung der Qual ein Ende zu setzen.

Wenden wir uns nun der Bewertung von Trauma damals und heute zu, so treffen wir auch hier auf Gemeinsamkeiten.

Begutachtungen früher und heute

Gutachten zur Bewertung von Entschädigungsansprüchen von Überlebenden des Holocaust entnehmen wir, mit welcher fachlichen Unkenntnis und Ignoranz z.T. deutsche Ärzte, insbesondere Psychiater, das psychische Leiden der KZ-Überlebenden wahrzunehmen und zu bewerten versuchten.

Kurt R. Eisler fand in psychiatrischen Gutachten Zeichen erschreckender Einstellungen zum Leid und Mißhandlungen der zu Begutachtenden, so z.B. im Fall einer 23-jährigen Antragstellerin, Aussagen wie:

> „... *Nach allen psychiatrischen Erfahrungen ist nicht anzunehmen, daß äußere Einwirkungen, seien sie auch der allerschlimmsten Art, bei einem Menschen in dieser Altersstufe, der bis dahin eine normale Charakteranlage hatte, zu einer dauernden angstneurotischen Einstellung führen können...*"

In diesem Rahmen kann dies nicht weiter ausgeführt werden, es kann lediglich ein Vergleich gezogen werden zu Befragungs- und Untersuchungssituationen bei Behörden heute, in welchen die Gefahr besteht, schwere Traumatisierungen wiederum nicht zu erkennen und adäquat zu bewerten.

Wir wissen, ein Überleben *danach*, d.h. nach dem Trauma, nach dem Überstehen einer extremen Belastungssituation[5], ist abhängig von einer Reihe von lebenserhaltenden Bedingungen.

Dieser Begriff »extreme Belastungssituation« bringt zum Ausdruck, daß es sich hier um eine Gesamtheit des Geschehens handelt, d.h. um ein Ineinandergreifen von mehreren traumatischen Sequenzen, wobei die Zeit der Wiedereingliederung als ausgeprägtes Belastungsmoment mit einbezogen wird.

In seiner follow-up Studie zum Schicksal der jüdischen Kriegswaisen in den Niederlanden unterscheidet Hans Keilson[5] drei Phasen der Belastung:

- Trauma mit Flucht ins Ausland,
- Zeit im Exil und
- eventuelle Wiedereingliederung in die ursprüngliche Heimat.

Deutlich wird, daß die extreme Belastungssituation ein Ganzes ist, das den Rahmen des Privat-Einmaligen überschreitet und im gesamtgesellschaftlichen und politischen Kontext gesehen werden muß.

Asylgesetze seit 1993

Diesen existentiellen Bedingungen für das Leben traumatisierter Flüchtlinge und Überlebender von Folter im Exil wird in Deutschland kaum mehr Raum gegeben. Seit der Grundgesetzänderung und der neuen Asylgesetzgebung im Jahr 1993, die bestätigt wurde durch den Beschluß des Bundesverfassungsgerichts vom 14. Mai 1996, wird jedweder Anspruch auf Asyl schon im Keim erstickt. Infolge des »Schutzwalls« der »sicheren Drittstaaten« kann niemand mehr legal auf dem Landweg Deutschland erreichen.

Die Entscheidung über Asyl oder Aufenthaltsrecht erfolgt nicht nach dem besonderen Schicksal des Flüchtlings, sondern nach restriktiven politischen Rahmenbedingungen durch rein formale Kriterien wie:

- Fluchtweg, Drittstaatenregelung,
- sicherem Herkunftsland und
- Entscheidung im Rahmen des Eilverfahrens der Flughafenregelung.

Die Anerkennungsquote für Asylsuchende in Deutschland liegt zwischen 6 und 7%, wobei nach internationalen Statistiken 25-30% der Asylsuchenden Überlebende von Folter und schweren Menschenrechtsverletzungen sind. Und gerade deren Asylersuchen hat besonders wenig Chance auf Anerkennung nach den neuen Gesetzen.

Nach der Asylgesetzgebung von 1993 ist Folter kein Asylgrund mehr. So bekommt erlittene und auch nachgewiesene Folter (z.B. Folternarben) nur im Falle eindeutig nachzuweisender politischer staatlicher Verfolgung Asylrelevanz.

Die Anhörung beim Bundesamt für die Anerkennung ausländischer Flüchtlinge (BAFl) findet gleich in den ersten Tagen nach der Flucht statt, durch Entscheider, die aus den unterschiedlichsten Berufsgruppen stammen und die keine besondere Schulung über Trauma und Schädigungen nach traumatischen Erlebnissen erhalten haben. Diese Anhörung bedeutet in den meisten Fällen für die Asylbewerber die entscheidende Weichenstellung im Asylverfahren, die fast nie wieder korrigiert werden kann und durch welche spätere »Härtefälle« besonders besorgniserregend enden.

Von Überlebenden des Holocaust wissen wir, daß über schwerwiegende traumatische Ereignisse, wenn überhaupt, meist erst nach vielen Jahren gesprochen werden kann. Im Anhörungsverfahren wird dagegen von den Flüchtlingen erwartet, daß sie »detailliert und widerspruchsfrei« ihr Verfolgungsschicksal schildern.

Aufgrund der folter- und traumabedingten Schädigungen und Erkrankungen sind viele von ihnen sofort nach ihrer Verfolgung, Haft, Folter und z.T. abenteuerlichen Flucht nicht in der Lage, im Rahmen und zum Zeitpunkt der Anhörung über ihr Verfolgungsschicksal zu berichten.

Es ist bekannt, daß jede direkte Befragung bei Überlebenden von Folter alte Erinnerungen an Verhöre, z.T. mit Folter, in ihrem Heimatland wachwerden lassen und durch Reizüberflutung Retraumatisierung bewirken.

Gegen diese Gefahr sind die unbewußten Abwehrmechanismen der Posttraumatischen Belastungsstörung (PTSD) gerichtet. Dies sind in diesem Fall die unbewußten Mechanismen der Vermeidung jeglicher Stimuli, die mit dem Trauma in Verbindung stehen.

Darüber hinaus kennen wir noch viele andere Ursachen für Konzentrations- und Gedächtnisstörungen nach Trauma und Folter, sowie andere erschwerende Komponenten der Aussagemöglichkeit (Dolmetscher, kulturelle Besonderheiten u.a.), die ich in diesem Rahmen nicht alle berücksichtigen kann.

Oft besteht auch große Furcht, daß die Angaben dem Geheimdienst im Heimatland zugänglich gemacht werden könnten, was auch nicht selten der Fall ist.

Traumatisierung im Exil

Die Ablehnung des Asylgesuchs als »offensichtlich unbegründet« oder »unglaubwürdig« aufgrund dieser unterschiedlichsten Faktoren trifft gerade einen hohen Prozentsatz der Patienten und Patientinnen von Psychosozialen Behandlungszentren für Folteropfer. Ihnen ist damit auf einen Schlag jede Zukunftsperspektive genommen. Massive Ängste und Verunsicherung bestimmen von da ab das Leben dieser Flüchtlinge im »Gastland«. Am bedrohlichsten ist die bevorstehende Abschiebung mit der sehr realen Gefahr der Wiederholung von Verfolgung, Haft und Folter.

Hinzu kommt das ihnen aus der Foltersituation bekannte Gefühl des Ausgeliefertseins, der absoluten Abhängigkeit von Behörden und der Ohnmacht und Scham über die erneute Entwertung.

Am meisten belastend ist für Schwersttraumatisierte dabei, daß sie in die Situation einer Beweisführung zu ihrem erlittenen Schicksal gestellt werden, zumal die Behörden die Erfahrung haben, daß manche Asylsuchende eine Geschichte vorbringen, die ihnen glaubwürdiger erscheint als der eigentliche Fluchtgrund. Müssen sie doch das Gefühl bekommen, daß dem Folterer in ihrem Heimatland mehr geglaubt wird als ihnen, denen massives Unrecht und Leid zugefügt wurde.

Für einen Überlebenden von Folter bedeutet diese erneute Ausstoßung aus der Gesellschaft im »Gastland« eine zusätzliche schwere Schädigung zu der schon bestehenden Traumatisierung und erschwert alle Bemühungen zur Wiederherstellung von Vertrauensbeziehungen und der verletzten Personengrenzen sowie der Linderung der Beschwerden.

Genau dies ist es, was die Gefahr in sich birgt, daß Menschen erneut zerbrechen, daß psychosomatische Krankheiten zu chronifizieren drohen, daß andauernder Streß und Verunsicherung den Ausbruch reaktiver Psychosen bewirken und daß Ausweglosigkeit und Angst zu Kurzschlußhandlungen und Selbsttötung führen können. Letzteres muß verstanden werden als Versuch der »Selbstbeseitigung« und als Ausdruck äußerster Verzweiflung und Aussichtslosigkeit.

Wir wissen, daß seit der Asylgesetzänderung von 1993 sich 44 Menschen im Zusammenhang mit der Abschiebung das Leben genommen haben, die Selbstmordversuche sind ungezählt geblieben.

Betroffen - vor allem Kinder und Familien

Flüchtling sein heißt immer: Flucht, Entwurzelung, Verlust von Freunden, Familie und kulturellem Hintergrund.

Besonders die Kinder sind die Hauptleidtragenden! Vor allem die Angstsymptomatik, die Gefühls- und Persönlichkeitsveränderungen des traumatisierten Elternteils bewirken schwere Eingriffe in eine kindgerechte Entwicklung. So entwickeln Kinder, die z.T. selbst Mißhandlungen erlitten haben, unterschiedliche Angst-, Verhaltens- und Entwicklungsstörungen sowie Depressionen.

In vielen Fällen müssen sie zu ihren eigenen Erlebnissen ohne jegliche Unterstützung noch die Verantwortung für die gesamte Familie übernehmen, d.h. Dolmetschen, Begleiten der Eltern bei Behördengängen, Versorgung der Geschwister und der übrigen Familienangehörigen.

Besonders fatal und weiter schädigend sind für diese Menschen hier im »Gastland« Deutschland folgende zusätzliche, sehr belastenden Gegebenheiten.

Das Fehlen jeder Intimsphäre und Selbstbestimmung, wie auch die Isolation und Ghettosituation in den Sammelunterkünften, die Fremdenfeindlichkeit, die restriktive Asyl- und Ausländergesetzgebung mit entmündigenden und bevormundenden Regelungen und Einschränkungen im Arbeits- und Ausbildungsbereich potenzieren die Probleme und können zur Eskalation in der Familie und in der weiteren Umgebung führen.

Alles dies wird von Hans Keilson[5] in dem oben schon genannten Begriff der »extremen Belastungssituation« genannt. Das Trauma hat so für den einzelnen weder einen genau definierbaren Beginn noch ein kalkulierbares Ende.

Besonders bedrohlich wird die Situation, wenn die Aufenthaltsbescheinigung nur noch für ca. 1 Monat, 14 Tage oder zum Schluß nur noch für eine Woche ausgestellt wird und die Abschiebung oder Abschiebehaft droht. So erleben viele von ihnen in den Unterkünften mit, wenn morgens um 6 Uhr Polizeibeamte kommen und Mitbewohner plötzlich abholen. Sie kehren nie wieder zurück, sie wurden abgeschoben.

Der »Umgang« mit dem Trauma

Wie gerade deutlich wurde, können während des Exils viele weitere Schädigungen gesetzt werden, erfreulicherweise wird aber auch von Einzelpersonen und Institutionen viel Hilfe und Zuwendung geboten.

Ich möchte hier Jean Amery zitieren, der selbst KZ-Haft überlebt hat und sich noch viele Jahre später das Leben genommen hat:

> *„Wer der Folter erlag, kann nicht mehr heimisch werden in dieser Welt. Die Schmach der Vernichtung läßt sich nicht austilgen. Das schon mit dem ersten Schlag, in vollem Umfang jedoch in der Tortur eingestürzte Weltvertrauen wird nicht wieder gewonnen. Daß der Mitmensch als **Gegenmensch** erfahren wurde, bleibt als gestauter Schrecken im Gefolterten liegen.“*

Wie dringend notwendig erweist sich also Respekt, Anteilnahme und Zeugenschaft, ein stützendes soziales Umfeld, wie auch Sensibilität im Umgang mit den Problemen ethnischer Minderheiten. Genaue Kenntnis und Beachtung der spezifischen Problemlage in Beratung und Behandlung kann dazu verhelfen, Bewältigungsstrategien für die erlittenen Leiden zu erlernen.

David Becker hat dazu aus seinen Erfahrungen heraus wichtige Feststellungen getroffen:[6]

> *„Die therapeutische Behandlung von Extremtraumatisierten ist grundsätzlich als ein erster Schritt der Resozialisierung (im wortwörtlichen Sinne) des erlittenen Leides zu verstehen. In diesem Sinne geht es um die Übersetzung von scheinbar privatem Leid in öffentliches Leid, um eine therapeutische Technik, die weder Außen noch Innen verleugnet. Das bedeutet die Notwendigkeit eines parteiischen Therapeuten, der politische Realitäten als solche anerkennen kann und zu deuten weiß, der aber gleichzeitig auch einen internen Raum erkennen kann. Im Prinzip ist das Grundproblem extrem traumatisierter Patienten, daß ihr Innen von einer externen Realität beiseite ge-*

fegt worden ist. Das bedeutet den Verlust der externen Handlungs-
fähigkeiten, aber auch den Verlust der internen Welt, der Phantasie.
Ziel der Behandlung muß also sein, Phantasie und Realität zurück-
zugewinnen und Verlorenes zu betrauern. - Allerdings, wenn das,
was krank macht, nicht nur individuell, sondern immer auch gesamt-
gesellschaftliche Realität ist, dann kann Gesundung nur im Kollektiv
stattfinden."

In diesem Sinn ist es daher notwendig, sich einzumischen und zu versuchen, da einzugreifen, wo Strukturen im Rahmen der Asylgesetze
traumatisierten Flüchtlingen und Überlebenden von Folter nicht adäquate Hilfe und Schutz zukommen lassen, sondern sogar weitere
Traumatisierungen verursachen.

Wie diese neuen Traumatisierungen aussehen können und an welchen
Stellen jeweils Abhilfe dringend nötig wäre, soll hier an einzelnen
Beispielen kurz aufgezeigt werden:
- Asylsuchende als Einzelpersonen, evtl. als unbegleitete Minder-
  jährige sowie Familien werden in ihrem Asylverfahren als »unglaubwürdig« abgelehnt,
- sie geraten in Panik, tauchen unter, d.h. sie leben illegal oder
  flüchten in ein anderes Land.
- Durch anwaltliche Hilfe oder durch Betreuer (in der Unterkunft
  oder im Rahmen der Beratung und Behandlung in einem Psychosozialen Zentrum für Folteropfer) werden weitere Asylverfahren
  eingeleitet, evtl. unter Zuhilfenahme ärztlich-psychologischer Stel-
  lungnahmen zu den seelischen und/oder körperlichen Folterschä-
  den und dies meist während einer laufenden psychotherapeutischen Behandlung.
- Zwischenzeitlich können manche dieser Flüchtlinge evtl. wieder
  legal in einer Sammelunterkunft leben, sie warten jedoch in Unsicherheit über ihre weitere Zukunft mit immer nur einer kurzfri-
  stigen Verlängerung von 1 bis 2 bis 4 Wochen ihrer Ausreisefrist.
- Unter der andauernden und sich steigernden seelischen Belastung
  verstärken sich im allgemeinen schwere psychosomatische Erkrankungen, Depressionen und besonders die Angstsymptomatik. Häufig auftretende psychotische Episoden führen oftmals zu ambulan-
  ter und stationärer psychiatrischer Behandlung.

- Bei Ablehnung weiterer Asylfolgeverfahren und nun real bevorstehender Abschiebung oder Abschiebehaft besteht die Gefahr, daß plötzlich Beamte frühmorgens gegen 6 Uhr in der Unterkunft erscheinen. Gegebenenfalls kann die Tür eingeschlagen werden. Aus dem Schlaf heraus werden die Flüchtlinge zur Abschiebung abgeholt.
- Trotz Suizidalität oder anderweitiger psychischer Krankheit kann die Beurteilung der »Reisefähigkeit« durch einen Amtsarzt für die zwangsweise Abschiebung ausschlaggebend sein.
- In diesen Fällen erfolgt der Transport zum Flughafen trotz Todesangst in Handschellen, möglicherweise in Begleitung eines Arztes, der als Flugbegleiter dann bis zum Flughafen des Heimatlandes mitfliegt, dann jedoch den Patienten seinem Schicksal überläßt.
- In manchen Fällen kann die Abschiebung evtl. per Eilantrag durch ein Gericht vorübergehend ausgesetzt werden.
- Ein Petitionsantrag beim Landtag oder beim Deutschen Bundestag kann gestellt werden, wobei die Beratung und der Bescheid nicht abgewartet werden muß und es vorkommen kann, daß der Gerichtsbeschluß erst nach Abschiebung oder Ausreise der Antragsteller erfolgt. In diesen Fällen ist es offen, ob und in welchem Zustand dieser Beschluß den Flüchtling noch erreichen kann.
- Bei Anrufung des Petitionsausschusses des Deutschen Bundestages kann der Bescheid möglicherweise zu einer »Rehabilitierung« mit Wiederherstellung der »Glaubwürdigkeit« des Asylbewerbers durch den Bundestag führen, dies hat jedoch keinen bindenden Einfluß und kommt in den entsprechenden Fällen zu spät (nach Abschiebung und ungewissem weiterem Schicksal).
- Angesichts solch auswegloser Situation haben sich seit 1993 bereits 44 Menschen im Zusammenhang mit der Abschiebung das Leben genommen; die Zahl der Suizidversuche ist ungezählt.
- In seltenen Fällen, wenn in den Gerichtsverfahren noch Revisionsmöglichkeiten bestehen oder Verfahrensfehler vorgekommen sind, nehmen Kirchen bei drohender Selbst- oder Fremdgefährdung zu diesem Zeitpunkt Flüchtlinge ins Kirchen-»Asyl« auf, insbesondere bei Gefährdung bei der Rückkehr in ihre Heimat.
- In Ausnahmefällen gelingt es, ein Bleiberecht in einem anderen Land zu finden und die Ausreise dorthin zu organisieren.

- In Einzelfällen kann es, nach psychischer »Zermürbung«, ebenfalls in aussichtsloser Situation und aus Angst vor einer Abschiebung unter Anwendung von Zwang zu einer sogenannten »freiwilligen« Ausreise kommen.

Aus der Sicht der anderen

Besonders viele aussichtslose Fälle werden in Psychosozialen Behandlungszentren für Folteropfer, so auch in REFUGIO München, betreut und behandelt. Die Mitarbeiter dieser Zentren sind mit Menschen konfrontiert, für die die drohende Abschiebung oder »freiwillige« Rückkehr eine erneute schwere Belastung bedeutet, denn sie haben wieder das Gefühl des Ausgeliefert- und Hilflos-Seins, das sie als Extremtraumatisierte gegenüber der Folter empfunden hatten.

Es versteht sich von selbst, daß die Arbeit mit diesen Menschen unter diesen Umständen für ihre Betreuer in den Psychosozialen Zentren eine enorme seelische Belastung bis hin zur Identifizierung mit den Opfern bedeutet. Ohne die absolute Anteilnahme wäre es nicht möglich, ihnen die nötige Hilfe zu bieten. Gleichzeitig belastet sie die häufige Aussichtslosigkeit ihres Tuns, angesichts des ihren Schützlingen bevorstehenden Schicksals. Sie müssen aber dennoch bis zum letzten Augenblick für sie da sein.

Anders verhalten sich die Dinge in bezug auf die Kontakte der Asylsuchenden mit den Repräsentanten der Behörden. Die Begrenzung auf rein formalisierte Regeln der praktizierten Asyl- und Ausländergesetze lassen eine verständnisvolle und einzelfallbezogene Prüfung im Asylverfahren nicht mehr zu.

So werden Verantwortliche bei Behörden, beim Bundesamt für die Anerkennung ausländischer Flüchtlinge, bei Gerichten, Gesundheitsämtern usw. schweren Gewissenskonflikten ausgesetzt, wenn sie über das Schicksal der ihnen anvertrauten Menschen zu entscheiden haben. Können diese Entscheidungen doch ausschlaggebend sein über Leben und Tod.

Auch die Mitarbeiterinnen und Mitarbeiter der Psychosozialen Zentren für Folteropfer und alle übrigen Betreuer der Flüchtlinge stoßen auf eben diese rigiden Grenzen der Gesetzgebung, ihre Unterstützung und adäquate Hilfe wird so unmöglich. Im Gegenteil, ihre Arbeit scheint bei dem Gesetzgeber unerwünscht und findet selten Unterstützung.

In den meisten Fällen hindert der unsichere Aufenthaltsstatus die Flüchtlinge, sich auf eine Behandlung einzulassen. So bleiben häufig nur Kriseninterventionen, um nur das Schlimmste zu verhindern oder den Flüchtlingen zu helfen, sich auf ihre Rückkehr vorzubereiten.

Bei einer nur vorübergehenden Aussetzung der Abschiebung bei Selbstmordgefährdung ist es nicht vertretbar und zynisch, den Patienten sozusagen »fit« zu machen mit dem Ziel der Abschiebung. Auch dies ist für alle Beteiligten eine unzumutbare seelische Belastung.

Wie steht es mit den Menschenrechten?

Nachdem uns die existentiellen Bedingungen nach dem Überleben der Greuel des Holocaust bekannt sind, wie auch die Versuche der Integration dieser Geschehnisse in das weitere Leben, müssen wir feststellen, daß in unseren heutigen Asylverfahren Unmögliches verlangt wird, wenn der traumatisierte Flüchtling in den ersten Tagen gleich nach der Flucht in der Anhörung beim Bundesamt (BAFl) »detailliert und widerspruchsfrei« über sein Verfolgungsschicksal Auskunft geben muß, und daß ihm später als Ablehnungsgrund seines Asylantrags »schuldhaftes Verschweigen« zur Last gelegt wird, wenn ihm das Sprechen über den erlebten Terror und die ertragenen Mißhandlungen nicht möglich war.

Eine Warnung sollte die immer wieder geäußerte Frage eines abgelehnten Asylbewerbers aus Togo sein, der sich aus Angst vor der Abschiebung in seine Heimat im Mai 1996 in einem Bezirkskrankenhaus einen Tag vor seinem 28. Geburtstag erhängte:

„Warum habt Ihr mir nicht geglaubt ? "

Wegen seiner drohenden Abschiebung erlitt er einen seelischen Zusammenbruch und war von da an in stationärer psychiatrischer Behandlung. Bei einer ärztlichen Untersuchung in REFUGIO München waren Folternarben und ein ausgeprägtes Posttraumatisches Belastungssyndrom (PTSD) festgestellt worden. Ein Aufenthalt oder Bleiberecht blieb ihm jedoch verwehrt.

Zur Auseinandersetzung mit Terror und Folter heute gehört die Frage, wie soll Mißachtung der Menschenrechte geächtet werden, was geschieht mit den Folterern ?

Kate Millet[7] schreibt dazu

„Das Wissen um die Folter ist an sich schon ein politischer Akt, so wie das Schweigen oder die Unwissenheit politische Auswirkungen hat. Das Aussprechen des Unaussprechlichen ist der Beginn des Handelns."

Wenn das Schweigen anhält, geht die Ungerechtigkeit weiter. Aus diesem Grunde müssen die Stimmen der Opfer gehört werden, weil die Folterer sonst niemals mit einer Gegenmeinung konfrontiert werden.

In diesem Sinne haben die Mitarbeiterinnen und Mitarbeiter der Zentren für Folteropfer, wie auch andere professionelle Betreuer Schwersttraumatisierter eine ganz entscheidende Mittlerfunktion. Diese besteht darin, den Flüchtlingen zu helfen, ihre Sprachlosigkeit zu überwinden und das Mitgeteilte dem kollektiven und gesellschaftlichen Bewußtsein zuzuführen. Dies bedeutet auch, Gleichgültigkeit aufzuheben, ein Gefühl für Unrecht zu vermitteln und zu sensibilisieren für menschliche Not.

Folter bedeutet einen Angriff auf die Würde des Menschen, zur Gesundung gebührt den Überlebenden kollektive Solidarität und Hilfe. Für uns in den reichen Staaten bedeutet dies Umlernen zum gemeinsamen Überleben.

Von weitreichender Bedeutung ist es, in welcher Weise innerhalb und außerhalb einer Gesellschaft mit Opfern von Gewalt umgegangen wird. So bedeutet z.B. in vielen Fällen die Außenpolitik in wirtschaftlicher und strategischer Hinsicht stillschweigende Kooperation der Mächtigen wie auch der Gleichgültigen auf Kosten der Menschenrechte.

So, wie Wegschauen und »kollektive Diskriminierung alles Fremden« heißt, sich zu verschließen gegenüber dem Leid des anderen, so heißt es auch, sich verhärten in sich selbst. Schon jetzt ist es kalt geworden in den reichen Staaten.

Es stellt sich die Frage, was es einer Gesellschaft wert ist, Kräfte zu stärken, die der kollektiven Gesundung dienen und die Fähigkeit zu erweitern, Gewalt als solche wahrzunehmen, ihr zu widerstehen und Verantwortung zu übernehmen. Wir sehen, daß die Kultur der Solidarität in Gefahr ist. Dies beginnt im Umgang mit dem Fremden und setzt sich weiter fort in dem Verhalten gegenüber den Schwächsten in unseren Reihen.

Niemals wieder darf sich das Handeln von Menschen in der Gesellschaft, seien es Ärzte, Psychologen, Juristen wie auch alle anderen betroffenen Personen staatlichen Interessen unterordnen und sich gegen ihnen anvertraute Menschen wenden.

Besonders alle Maßnahmen, die mit der Abschiebung abgelehnter Asylbewerber in Zusammenhang stehen, widersprechen menschlichen Grundnormen und sind gegen die körperliche Unversehrtheit und die Würde des Menschen gerichtet.

Hier werden bedeutende Grundnormen aufgegeben, die bereits tradierte Werte waren. In Berufung auf die nun geltenden Gesetze bleiben Grundwerte des Mitgefühls und der Mitmenschlichkeit auf der Strecke, fachliche Kompetenz und Solidarität bleiben ohne Beachtung. Härtefälle haben keinen Raum. Solange die Grundlage der Genesung, Ächtung der Folter, ein stabiler Aufenthalt im Gastland, Respekt und Schutz versagt werden, ist keine adäquate Hilfe möglich. Das Trauma hat so kein Ende.

Auf diese Weise finden Tausende von Abschiebungen statt, der Einzelmensch ist aus dem Blickfeld verschwunden. In einzelnen seltenen Fällen kehren abgeschobene Flüchtlinge nach erneuter Verfolgung im Heimatland wieder in die Bundesrepublik zurück und versuchen, einen neuen Asylantrag zu stellen.

In zunehmendem Maße beschäftigt sich unsere Bevölkerung mit der Geschichte unseres eigenen Landes. Deutlich wird dabei auch: Im Nationalsozialismus waren es nicht nur einzelne wenige Verantwortliche, die beteiligt waren an der Diskriminierung und Ausmerzung von Abertausenden von Juden und anderweitig mißliebigen Personen[8].

Wir wissen auch, daß es der Aufnahme im Exil zu verdanken ist, daß Flüchtlinge aus Deutschland dem Terror im Nationalsozialismus entkamen. Es ist an der Zeit, aus unserer Geschichte Lehren zu ziehen und achtsam zu sein gegenüber erneut um sich greifenden Vorurteilen, Diskriminierung und Rassismus.

Literatur

[1] Becker, David; Calderón, Hugo (1992): *Extremtraumatisierungen - soziale Reparationsprozesse - politische Krise*. In: Zeitlandschaft im Nebel, Hrsg. Riquelme, Vervuert-Verlag

[2] Klemperer, Victor (1995): „*Ich will Zeugnis ablegen bis zum letzten*" - *Tagebücher 1933-1945*. Aufbau Verlag

[3] Holderegger, Hans (1993): *Der Umgang mit dem Trauma*. Klett-Cotta

[4] Waco, Laura : *Von zuhause wird nichts erzählt. Eine jüdische Geschichte aus Deutschland*. - P. Kirchheim Verlag

[5] Keilson, Hans (1979): *Sequentielle Traumatisierung bei Kindern*. Stuttgart, Enke

[6] Becker, David (1995): *Psychotherapie bei Extremtraumatisierten*. In: »Gewalt und Trauma« - Iko-Verlag

[7] Millet, Kate (1993: *Entmenschlicht - Versuch über die Folter*. Junius Verlag, Hamburg

[8] Goldhagen, Daniel Jonah (1996): *Hitlers willige Vollstrecker - Ganz gewöhnliche Deutsche und der Holocaust*. Siedler

Anhang

„Ich habe Angst, wenn jemand an meine Tür klopft,
ich habe Angst auszugehen… Angst.“(1)

„Ich fürchte mich vor vielen Sachen, ich habe manchmal Ängste,
eine Art Panik sogar, wo ich schwer zur Vernunft komme.
Ich fühle mich sehr einsam, sogar isoliert.“ (2)

„Ich hätte dem Bild von einem Märtyrer als Vater einen lebenden Vater
vorgezogen, einer der es geschafft hat, auch wenn er dafür was Schmutziges
gemacht hätte.“(3)

„Er war Oberst in der Armee. Sie haben ihn umgebracht, ich weiß nicht
warum. Ich habe gedacht, er hätte rebelliert, und ich habe dann gehört,
er sei einer von ihnen gewesen. Warum dann? Warum ist er nicht auch
geflüchtet?“(4)

„Ununterbrochene Streitigkeiten“ … „Ich verbrachte Tage, ohne daß
jemand mit mir redete. Man hat mich niemals gefragt, was in der Schule los
war.“(5)

„Ich kann meine Hausaufgabe nicht machen. Sie streiten die ganze Zeit…“
(6)

„Ich hatte Lust mich umzubringen…aber ich habe den Schritt nie gemacht.
Ich hätte mich meinem Vater gegenüber geschämt, er hätte dann sein Leben
für nichts geopfert.“(7)

„Ob meine Mutter lebt?… Ich habe in CNN das gesehen, die Soldaten
haben alle umgebracht und das Dorf …da ist nichts mehr. … Wenn sie
noch lebt, bleibe ich am Leben.“(8)

„Ich habe keine Fotos von meinen Eltern, ihren letzten Brief habe ich auch
nicht. Es gibt kein Grab, wo ich trauern kann.“(9)

„Ich rannte und rannte weg. Ich habe die Schüsse gehört. Ich bin geflüchtet. Meine Frau hat mir hier erzählt, wie sie meine Mutter, meinen Vater,
meinen kleinen Bruder erschossen und das Haus verbrannt haben. Es gibt
nichts mehr von uns dort.“(10)

„...ich habe manchmal Angst vor dieser Gewalt, die ich in mir spüre. Ich habe den Eindruck daß ich revoltiert bin, fürs Leben. Und, komischerweise, habe ich das Gefühl, daß ich das Recht zum Leben nicht habe."(11)

„Es ist rot in mir. Es ist wie in den elektrischen Kabeln. Es ist gefährlich. ... ich möchte arbeiten, arbeiten, hier, ich habe mit Zügen hier schon gearbeitet... ich will etwas an meine Frau schicken. Wenn ich arbeite, kann ich Nachrichten dorthin schicken... Sie wissen nicht, wo ich bin."(12)

(1) Marie. 25J. Togo, katholisch.
(2) Madeleine. ?J. Frankreich, jüdisch.
(3) Madeleine M. ?J. Frankreich, jüdisch.
(4) Amid. 26J. Togo, evangelisch.
(5) Joseph. ?J. Frankreich, jüdisch.
(6) Thèrèse. 10J. Zaire, katholisch.
(7) Madeleine. ?J. Frankreich, jüdisch.
(8) Gordon. 24J. Nigeria, moslemisch.
(9) Jean. ?J. Frankreich, jüdisch
(10) Noel. 30J. Angola, evangelisch.
(11) Jean. ?J. Frankreich, jüdisch.
(12) Nicolas, 30J. Togo, moslemisch.

Die Sätze 1, 4, 6, 8, 10, 12 stammen von afrikanischen Klienten von REFUGIO, die in Therapie waren oder noch sind. Die Sätze 2, 3, 5, 7, 9, 11 stammen aus Interviews von Claudine Vegh 19 ... mit französischen Juden, deren Familienangehörige ins KZ deportiert wurden und die auch selber verfolgt worden sind.

(Zitat aus Jahresbericht 1996, Anne Bourgeaux, REFUGIO München.)

Diese Aussagen sind Zeichen der Gemeinsamkeiten im Erleben von Überlebenden des Holocaust und Schwersttraumatisierten heute. Wie aus Literatur und Erfahrungen der Mitarbeiter und Mitarbeiterinnen in Behandlungszentren für Folteropfer bekannt ist, sind die Traumafolgen bleibend und werden zusätzlich generationenübergreifend an Kinder und Kindeskinder weitergegeben.

Aus diesem Wissen und der dringenden Notwendigkeit heraus, diesen Menschen im Exil eine angemessene Behandlung zu verschaffen und zu helfen, weitere Traumatisierungen zu vermeiden, wurden im Laufe der letzten Jahrzehnte international und national Behandlungszentren für Folteropfer eingerichtet.

Träger dieser Zentren sind im allgemeinen in Deutschland caritative Einrichtungen, Wohlfahrtsverbände und Fördervereine; Zuschüsse können beantragt werden bei der EU, der Deutschen Stiftung UNO-Flüchtlingshilfe, dem Bezirk des jeweiligen Bundeslandes; in den seltensten Fällen werden sie durch den Staat unterstützt.

Vor ca. 17 Jahren waren es Exilchilenen, die in einer Art Selbsthilfezentrum erstmals in Frankfurt, d.h. in Deutschland, Schwersttraumatisierten im Exil ihre Hilfe und Behandlung angeboten haben.

Mittlerweile hat die Zahl dieser Einrichtungen stark zugenommen. Die Hilfsangebote wurden erweitert und sind zum Teil sehr vielfältig. Einige dieser Zentren sind jedoch aus finanziellen Gründen in ihrer Existenz von Schließung stark bedroht (Liste der Zentren am Ende des Anhangs).

Infolge der übereinstimmenden Anliegen und auch ähnlicher Behinderungen bei der Arbeit entwickelte sich zunehmend eine kontinuierliche Zusammenarbeit zwischen den Zentren mit einer bundesweiten Vernetzung und Kooperation in bezug auf inhaltliche Arbeit mit den Klienten, auf Forschung, Öffentlichkeits- und politische Arbeit. Im Januar 1997 wurde die Bundesarbeitsgemeinschaft der Psychosozialen Zentren für Flüchtlinge und Folteropfer gegründet.

Für ein Erstgespräch in einem Psychosozialen Zentrum für Flüchtlinge und Folteropfer hat es sich als unerläßlich gezeigt, zuerst die Lebensumstände im Exil zu klären und so gut wie möglich zu stabilisieren, bevor mit therapeutischen Maßnahmen begonnen werden kann.

Ziel der Beratung und Behandlung von Schwersttraumatisierten und Überlebenden von Folter ist es ganz allgemein, den Flüchtlingen zu ermöglichen, die traumatischen Erlebnisse in die Lebensgeschichte zu integrieren, die eigenen Fähigkeiten und Ressourcen wiederzuentdecken, ihr Leben wieder selbst in die Hand nehmen zu lernen und so wieder Sinn in ihrem Leben zu finden und Zukunftsperspektiven zu entwickeln.

Körperliche Krankheiten und Schäden nach Folter bedürfen dringend einer spezifischen Behandlung, insbesondere zur Vermeidung von Chronifizierungen psychosomatischer wie auch somatischer Erkrankungen.

Die Arbeit beinhaltet im allgemeinen eine kultur- und fachspezifische psychosoziale und gesundheitliche Versorgung, unabhängig von Geschlecht, Rasse, Religion und politischer Ausrichtung.

Die Hilfsangebote werden angepaßt an die Folter- und Exilerfahrung des Klienten, an die momentanen Umstände, wie auch an die Asyl- und Ausländergesetzgebung und das politische Umfeld. Sie bestehen in sozialpädagogischen, psychologischen, psychotherapeutischen und medizinischen Maßnahmen und basieren auf einer fachspezifischen Diagnostik und dem Wissen um die speziellen Belange Schwersttraumatisierter im weitesten Sinne.

In den meisten Fällen wird es erforderlich, geschulte Dolmetscher hinzuzuziehen.

Wie in den vorausgehenden Beiträgen zu erfahren ist, findet die Arbeit mit Schwersttraumatisierten im Spannungsfeld zwischen Einzelschicksal und politischem Umfeld statt und wird durch die Asyl- und Ausländergesetzgebung stark eingeengt und durch drohende Abschiebung oder anderweitige starke Beängstigung und Verunsicherung über das weitere Schicksal oft geradezu verhindert.

Das Team von REFUGIO München hat am 1. Mai 1994 seine Arbeit aufgenommen; sie umfaßt in interkultureller und interdisziplinärer Zusammensetzung psychosoziale, therapeutische und medizinische Diagnostik, Beratung und Behandlung.

Die therapeutischen Angebote richten sich nach den zumeist kombinierten körperlichen, psychischen und sozialen Beschwerden und haben demzufolge einen gesprächs-, verhaltens- und familientherapeutischen Ansatz, darüber hinaus sind Kunst-, Musik- und unterschiedliche Körpertherapien möglich und besonders hilfreich.

Für weitere Informationen und bei Interesse an einer möglichen Mitarbeit wenden Sie sich bitte als Kontaktadresse an:

REFUGIO München
Beratungs- und Behandlungszentrum
für Flüchtlinge und Folteropfer
Rauchstraße 7 • 81679 München
Telefon: 089-98 29 57-0
Fax: 089-98 29 57-57

Psychosoziale Zentren
für Flüchtlinge und Folteropfer
in der Bundesrepublik

Berlin

Behandlungszentrum für Folteropfer e.V.
Spandauer Damm 130 • 14050 Berlin
Telefon: 030-30 35-35 91

XENION
Psychotherapeutische Beratungsstelle für politisch Verfolgte
Roscherstraße 2a • 10629 Berlin
Telefon: 030-32 32 933

Bremen

Psychosoziales Zentrum für ausländische Flüchtlinge e.V.
Gothaer Straße 19 • 28215 Bremen
Telefon: 0421-37 60 749

Düsseldorf

Psychosoziales Zentrum für Flüchtlinge
Graf-Adolf-Straße 102 • 40210 Düsseldorf
Telefon: 0211-35 33 156

Frankfurt

Psychosoziales Zentrum für ausländische Flüchtlinge
Fichardstraße 46 • 60322 Frankfurt/Main
Telefon: 069-55 31 10
            069-55 31 16

Freiburg

Psychosoziale Beratungsstelle für Migranten und ihre Familien
Schwimmbadstraße 38 • 79100 Freiburg
Telefon: 0761-88 50 847

Gera

Psychosoziales Zentrum für Flüchtlinge
Berliner Straße 208 • 07546 Gera
Telefon: 0365-41 21 81

Greifswald

Diakonisches Werk in der Pommerschen Evangelischen Kirche
Psychosoziales Zentrum für Flüchtlinge
Rudolf-Petershagen-Allee 38 • 17489 Greifswald

Hamburg

Gesellschaft zur Unterstützung von Gefolterten und Verfolgten e.V.
Laufgraben 27 • 20146 Hamburg
Telefon: 040-44 85 76
            040-41 06 521

Hannover

Initiative für ein Internationales Kulturzentrum (I IK)
Psychosoziale Beratung
Schaufelder Straße 11 • Im Werkhof, 30167 Hannover
Telefon: 0511-55 08 92
            0511-55 08 93

Köln

Psychosoziales Zentrum Köln
Norbertstraße 27 • 50670 Köln
Telefon: 0221-13 73 78
            0221-13 67 69

Magdeburg

Magdeburger Stadtmission e.V.
Psychosoziales Zentrum für Flüchtlinge
Leibnitzstraße 48 • 39104 Magdeburg
Telefon: 0391-56 19 494

München

REFUGIO München e.V.
Beratungs- und Behandlungszentrum für Flüchtlinge und Folteropfer
Rauchstraße 7 • 81679 München
Telefon: 089-98 29 570

Neunkirchen

Psychosoziales Zentrum
Hospitalstraße 19 • 66538 Neunkirchen/Saar
Telefon: 06821-25 525

Nürnberg

Psychosoziales Zentrum des Diakonischen Werkes Bayern
Pirckheimerstraße 6 • 90408 Nürnberg
Telefon: 0911-35 00 355

Saarbrücken

Psychosoziales Zentrum
Dudweiler Landstraße 153 • 66123 Saarbrücken
Telefon: 0681-39 05 005

Ulm

Behandlungszentrum für Folteropfer Ulm
Seelengraben 22 • 89073 Ulm
Telefon: 0731-22 833

Psychosoziale Beratungsstellen in Europa

Schweiz

AN LAC
Beratungs- und Begegnungszentrum für anerkannte Flüchtlinge
Habsburgerstraße 6 • Postfach 304 • CH-3000 Bern 16
Telefon: ++41-31-352 84 24/25
              ++41-31-351 64 31
Fax: ++41-31-352 91 70

Dänemark

OASIS
Behandling og rädgivning for flygtninge Treatment
and Counselling for Refugees
Strandboulevarden 92, 3. sal • DK-2100 Kobenhavn
Telefon: ++45-35 26 57 26
Fax: ++45-35 26 55 33

RCTIRCT
Rehabilitering og Forskningscentret for Torturofre
Borgergade 13 • P.O. Box 2107 • DK-1014 Kopenhavn
Telefon: ++45-33 76 06 00
Fax: ++45-33 76 05 00

Österreich

ZEBRA
Zentrum zur sozialmedizinischen, rechtlichen und kulturellen
Betreuung von Ausländern und Ausländerinnen in Österreich
Pestalozzistraße 59 / II • A-8010 Graz
Telefon: ++43-316-83 56 30

Großbritannien

MEDICAL FOUNDATION for the Care of Victims of Torture
96 - 98 Grafton Road • GB-London NW5 3 EJ
Telefon: ++44-71-28 44 321
Fax: ++44-71-28 44 265

Türkei

Human Rights Foundation of Turkey
Menekse 2 Sokak 16 / 6-7 • T-06440 Kizilay-Ankara
Telefon: ++90-312 41 77 180
Fax: ++90-312 42 54 552

Griechenland

Medical Rehabilitation Center for Torture Victims
14 Korai str. • G-454 44 Ioannina
Telefon: ++30-651-78 810
Fax: ++30-651-72 378

Italien

Medici e Psicologi contro la Tortura -
Consiglio Italiano per i Rifugiati (CIR)
Via S. Tommaso D'Aquino, 116 • I-00136 Roma
Contact: Dr. Ettore Zerbino
Telefon: ++39-6-39 73 57 53
             ++39-6-39 73 57 52
Fax: ++39-6-39 73 57 58

Bosnien

Corridor
Association for Psychological and Humanitarian Assistance Sarajevo
Trg Oslobodenja I / V • Sarajewo
Contact: Prof. Zineta Rasavac
Fax: ++387-71-440530

Autoren

David Becker, Dr. phil.
Diplom-Psychologe / Psychotherapeut, geboren in Deutschland,
seit 1982 Tätigkeit in Chile mit Opfern der Militärdiktatur als
Psychotherapeut und in der Forschung; Gründungsmitglied des
»Instituto Latinoamericano de Salud Mental Derechos Humanos«
(ILAS), Santiago de Chile.

Heinz Stefan Herzka, Prof. Dr. med.
Kinder- und Jugendlichenpsychiater; Tagesklinik für Kinder- und
Jugendpsychiatrie und leitender Arzt der Ambulanz Psychopathologie
des Kindes- und Jugendalters der Universität Zürich.

Jürgen Müller-Hohagen, Dr. phil.
Diplom-Psychologe / Psychotherapeut, Leiter der Evangelischen
Erziehungs- und Familienberatungsstelle München-Nord

Maren Viñar, Prof. Dr.med.
Kinderpsychiaterin / Psychoanalytikerin (APU, IVP). Kinderpsychia-
terin an der Staatlichen Universität von Montevideo / Uruguay;
organisiert und fördert internationale Tagungen über politische
Gewalt; Mitarbeit als Kinderpsychiaterin an einem Projekt in einem
Elendsviertel von Montevideo/Uruguay.

Marcelo Viñar, Prof. Dr. med.
Psychiater / Psychoanalytiker (APU, IVP). Psychiater an der Staatlichen Universität Montevideo/Uruguay; Präsident der Psycho-
analytischen Gesellschaft in Uruguay; Ausbilder und Supervisor
an einem Hilfsprojekt für verlassene Kinder und Jugendliche.

Waltraut Wirtgen, Dr. med.
F.A. für psychotherapeutische Medizin / Psychoanalyse, 20 Jahre
Mitarbeit bei amnesty international, Freie Mitarbeiterin REFUGIO
München, Vorstand des »Fördervereins REFUGIO München e.V.«,
in freier Praxis niedergelassen.